마법처럼 영어가 입에서 술술 나오는

Magic Talk! English

기본

Chris Suh

MENTORS

마법처럼 영어가 입에서 술술 나오는
Magic Talk! English! 기본

2025년 10월 15일 인쇄
2025년 10월 21일 발행

지은이 Chris Suh
발행인 Chris Suh
발행처 **MENTORS**
  경기도 성남시 분당구 황새울로 335번길 10 598
  TEL 031-604-0025 FAX 031-696-5221
  mentors.co.kr
  blog.naver.com/mentorsbook
  *Play 스토어 및 App 스토어에서 '멘토스북' 검색해 어플다운받기!
등록일자 2005년 7월 27일
등록번호 제 2022-000130호
ISBN 979-11-94467-97-7
  979-11-94467-96-0(세트)
가 격 23,600원(MP3 무료다운로드)

잘못 인쇄된 책은 교환해 드립니다.
이 책에 게재된 내용의 일부 또는 전체를 무단으로 복제 및 발췌하는 것을 금합니다.

머리말

안해본게 없는 영어공부

영어를 잘 하고 싶은 마음에 서점에서 이책 저책 둘러보고, 유명하다는 어플도 구매해보고 그리고 다양한 유튜브를 전전하는 무지막지한 노력을 기울여도 언제나처럼 영어실력은 도돌이표로 돌아온다. 왜 그럴까…. 가장 좋은 방법은 미국이나 영국에 가서 네이티브와 부딪히며 배우는게 최고이지만 다 그렇게 할 수 없기 때문에 다른 방법을 찾게 된다. 물론 미국에 1-2년 살아도 애국심을 발휘하여 한국사람들하고만 생활하면 말짱 도루묵이 될 것이다.

이젠 영어공부 달리해야

우린 영어 네이티브가 아니기 때문에 그들과는 좀 다른 방식으로 영어를 학습하여야 한다. 후천적으로 영어를 배워야하는 우리는 영어에 자주 나오는 패턴과 패턴에 붙여 쓸 수 있는 다양한 영어표현들을 알아두어야 한다.

Magic Talk! English 기본 - 핵심 - 응용

이러한 기획하에 꾸며진 교재가 바로 이 <Magic Talk! English 기본 - 핵심 - 응용>이다. 각권 Section 2에서는 가장 기본이 되는 패턴을 기본, 핵심, 응용으로 구분하여 정리하였으며, 각권 Section 1에서 패턴을 학습하기 전에 알아두면 좋은 영어표현들을 수록하여 본격적인 영어학습 전에 워밍업을 할 수 있도록 꾸며져 있다. 기록 Section 3에서는 어려운 영어의 담을 헐고 영어에 대한 재미를 느낄 수 있도록 다양한 코너를 마련하였다. 그리고 마지막으로 각권 Supplement에서는 추가적으로 알아두면 좋은, 감탄사, 속담 그리고 영어명언과 미신 등을 수록하였다.

영어기본을 확실히 다져야

영어공부는 눈사람을 만드는 것과 같아, 초보 단계에서는 한두권의 책을 여러번 봐서 기본을 단단히 하는 것이다. 그런 다음에 여러 다양한 책을 통해 실력을 다지고 늘려나가는 것이다. 반복만이 살 길이다. 지겨울 정도로 끊임없이 반복하면서 암기해 교재의 모든 것을 자기 것으로 만들어야 한다. 그래야 이기는 영어를 할 수 있다. 중도에 또 포기하고 이곳저곳 기울이기만 한다면 망가진 레코드(broken record)처럼 그 자리에서 계속 돌기만 할 뿐이다. 아무쪼록 이 <Magic Talk! English 기본 - 핵심 - 응용> 시리즈가 여러분의 영어실력에 기본을 다지는 소중한 교재가 되기를 바란다.

Section 1은 워밍업으로 가볍게 보고, Seciton 3은 웃으면서 재미있게 읽어봅니다. 본격적인 학습은 Section 2로, 네이티브가 문장은 3번씩, 그리고 대화는 2번씩 읽어줍니다. 계속 따라 말하고 써봅니다.

이책의 특징

1. Magic Talk! English의 1권으로 가장 기본적인 패턴들을 집중적으로 수록 하였다.
2. 시작하기에 앞서 생기초패턴을 만들어내는 52개의 키워드를 중심으로 무조건 알아두어야 하는 생기초패턴들을 정리하였다.
3. Section 3의 재미난 영어세계 이모저모에서는 <알쏭달쏭 영단어구분하기>, <바로잡자! 콩글리시!>, 그리고 <사연있는 영어표현들>을 수록하여 부담없이 영어에 접근할 수 있는 공간을 만들었다.
4. 또한 Supplement에서는 <놀라운 감탄사의 세계>, <시공을 초월하여 교훈을 주는 영어속담 Best 28>, 그리고 <세월이 가도 잊혀지지 않는 명언과 미신들!>을 수록하여 영어학습에 다양성과 풍요로움을 더했다.
5. 모든 영문은 생기발랄한 네이티브들의 현지 목소리로 들을 수 있다.

이책의 구성

1. 단계별로 <Magic Talk! - 기본>, <Magic Talk! - 핵심>, 그리고 <Magic Talk! - 응용> 등 총 3권으로 구성되어 있다.
2. 3권 모두, Section 1, 2, 3, 그리고 Supplement로 다양하게 꾸며져 있다.
3. 각권에서 Section 2에 녹음된 네이티브를 따라 집중적으로 반복해서 큰소리로 말해보고, 직접 필사까지 해보면 영어실력이 일취월장할 것이다.
4. Section 1, 3은 Seciton 2를 학습하기 위해 워밍업을 하고 Section 2 학습을 끝내고 영어의 다양한 모습을 부담없이 보여주기 위해 수록되었다.
5. Supplement를 통해 영어에 대한 추가적인 정보들을 수록하여 한권한권 마무리를 할 수 있도록 꾸며져 있다.

이책을 보는 법_Section 2, 3를 중심으로

기본공식 001
I'm a lawyer
난 변호사야

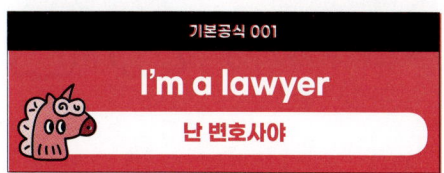

기본공식
영어회화 기본공식의 순차적인 번호 및 우리말 옮김.

만년초보 탈출하기
「I'm~ 다음에 다양한 명사를 넣어봅시다. 「난 변호사야」라는 자기 소개의 표현입니다. 이처럼 I'm~ 뒤에는 이름, 직업, 지위, 자격 등을 나타내는 명사가 오는데요. 'I'와 그 명사의 관계는 '동격'이어야 하죠(I=lawyer).

만년초보탈출하기
회화공식을 언제 어떠한 상황에서 사용해야 하는지를 정확히 알려주는 무지무지 친절한 설명.

영어로 직접 말해보고 써보기
1. 난 한국사람이야.
   I'm Korean.
   ▶
2. 전 변호사입니다.
   I'm a lawyer.
   ▶
3. 내가 걔 남자친구야.
   I'm her boyfriend.
   ▶

내 입에서 영어가 나올 줄이야!
A: You know Samantha, right?
B: Yes, I'm her boyfriend.

A: 사만다랑 아는 사이죠, 그렇죠?
B: 그럼요, 전 사만다 남자친구인걸요.

A:
B:

영어로 직접 말해보고 써보기
영어회화공식을 가장 쉽고 간단하게 사용해 보며 눈에 귀에, 그리고 필사를 통해 마음 속에 각인해 두는 시간.

내 입에서 영어가 나올 줄이야!
실전 AB 대화를 통해 회화공식을 확인하는 자리로 자연스러운 대화 속에서 방금 배운 표현이 어떻게 쓰였나를 감각적으로 체득하며 완전히 자기 것으로 만든다.

1. 알쏭달쏭 영단어 구분하기
비슷비슷한 단어들의 미묘한 차이를 예문과 함께 설명하였다.

2. 바로잡자! 콩글리시!
아직도 콩글리시인지도 모르는 비극을 막기 위해 중요한 콩글리시 퇴치법을 제공한다.

3. 사연이 있는 영어표현들
일부 표현들은 왜 그렇게 쓰이는지 깊은 사연이 있다. 그런 표현들만을 모았다.

SECTION 1

미리 알고 들어가기
Key Words Expressions 52 ……………… 008

SECTION 2

Magic Talk! English
기본공식 001- 101 ……………… 062

SECTION 3

재미난 영어세계 이모저모
1. 알쏭달쏭 영단어 구분하기 ……………… 266
2. 바로잡자! 콩글리시! ……………… 286
3. 사연있는 영어표현들 ……………… 298

SUPPLEMENT

놀라운 영어 감탄사의 세계! ……………… 326

SECTION 1

미리 알고 들어가기

Key Words Expressions 52

001 have to+동사
…해야 한다

📘 빈출패턴

I have to+동사 나는 …해야만 한다

You don't have to+동사 …할 필요없어, …하지 않아도 돼

Do I have to ~? 내가 …해야 하나요?

💡 생각하면서 필사해보기

1. 네가 좀 이상하다고 말하지 않을 수가 없구나.
   I have to tell you that I think you are strange.

   ....

2. 바쁘시면 안 오셔도 돼요.
   You don't have to come if you are busy.

   ....

3. 내가 너랑 그 모임에 가야 하는 거니?
   Do I have to go with you to the meeting?

   ....

002 I'm sure~
…을 확신해

 빈출패턴

I am not sure that ~ …을 확실히 모르겠어

I am not sure if ~ …인지 아닌지 확신이 안 선다

Please make sure that ~ 반드시 …하도록 하세요

💡 생각하면서 필사해보기

1. 짐이 책상에서 펜을 가져갔는지 아닌지 잘 모르겠어.
   I am not sure if Jim took the pen from the desk.

2. 내가 그걸 얼마나 좋아하는지 리차드한테 꼭 말해줘.
   Be sure to tell Richard how much I like it.

3. 여기서 무슨 일이 있었는지 그 사람들에게 꼭 알려주세요.
   Please make sure that they know what happened here.

worry about~
…을 걱정하다

빈출패턴

I am worried about 나는 …이 걱정된다

I am worried that ~ 나는 …라는 사실이 걱정된다

Don't worry about …은 걱정하지마

생각하면서 필사해보기

1. 그렇게 넘어진 후로 그 사람 건강이 어떤지 걱정돼.
   I am worried about his health since he had that fall.

2. 우리가 그 사람 과거에 대해 잘 모른다는게 걸려.
   I am worried that we don't know enough about his past.

3. 시험 걱정은 하지마, 넌 잘할거니까.
   Don't worry about the test, for you will do fine.

004 want to+동사
…하고 싶다

I want to + V 나는 …하고 싶어

I want you to + V 당신이 …해줬으면 합니다

Do you want to + V? …하고 싶어? …할래?

생각하면서 필사해보기

1. 올해엔 당신이 이 회사를 맡아줬으면 합니다.
   I want you to be in charge of the firm this year.

2. 오늘밤 우리 집에 올래?
   Do you want to come over to my house tonight?

3. 그 필름에 무슨 문제가 생겼는지 알아내고 싶어.
   I want to find out what happened to the film.

005 Thank you for~
…에 대해 감사하다

 빈출패턴

Thank you for (your) ~ …에 대해 감사해요

Thanks a lot (for) (…해 주셔서) 정말 고마워요

Thanks to + N …덕분에

💡 생각하면서 필사해보기

1. 제 연구를 도와주셔서 정말 감사합니다.
   Thank you very much for helping me with the project.

   ....

2. 가져오신 멋진 선물 너무 감사드려요.
   Thanks a lot for the wonderful gift you brought.

   ....

3. 네 덕분에 우리가 제주도에 갈 시간이 생겼어.
   Thanks to you, we have time to go to Jeju-do.

   ....

006 like+명사[to+동사]

…을 좋아하다

📘 빈출패턴

I like + N 나는 …이 좋다

I like + ~ing 나는 …하는게 좋다

I (don't) like to + V …하는 것을 좋아한다[좋아하지 않는다]

💡 생각하면서 필사해보기

1. 난 주말에 돈을 쓰면서 쇼핑하는게 좋아.
   I like spend**ing** money and shopping on the weekends.

   ....

2. 내 미래에 대해 너무 많이 생각하는 걸 좋아하지 않아.
   I don't like to think about my future too much.

   ....

3. 여름에 방콕에 가는 건 어때?
   Would you like to go to Bangkok this summer?

   ....

I would like~
…하고 싶어

빈출패턴

I would like + N 저는 …로 할게요, 난 …가 좋아요
I would like to + V 저는 …하고 싶어요
Would you like to + V? …하시겠어요?

생각하면서 필사해보기

1. 저는 제 분야에서 좀 더 인정을 받고 싶습니다.
   I would like to receive more recognition in my field.

2. 문을 아주 천천히 열어주시겠어요?
   I would like you to open the door very slowly.

3. 그 사고에 대해 말씀해 주시겠어요?
   Would you like to tell me about the accident?

I am sorry for
…에 대해 미안해

I am sorry for …에 대해 유감이다

I am sorry to hear that ~ …라니 유감이다

I am sorry to say that ~ …를 말씀드리게 되어 죄송합니다

생각하면서 필사해보기

1. 어제 내가 널 그렇게 대해서 미안해.
   I'm sorry for the way that I treated you yesterday.

2. 마사가 지난달에 실직했다니 안됐네.
   I am sorry to hear that Martha lost her job last month.

3. 미안하지만 당장은 더 이상 도와줄 수가 없어요.
   I'm sorry I can't be of more help to you right now.

I need~
…가 필요해

빈출패턴

I need + N 나는 …이 필요해

I need to + V 나는 …해야 해, …할 필요가 있어

You need to + V 너는 …해야 한다

생각하면서 필사해보기

1. 좀 더 명확하게 생각하려면 잠을 좀 자야겠어요.
   I need sleep to help me think more clearly.

2. 자정까지는 집에 들어가서 아내와 얘기를 해야 해요.
   I need to get home by midnight to talk with my wife.

3. 너무 늦기 전에 은퇴에 대한 계획을 세워야 해요.
   You need to plan your retirement before it is too late.

I wish~

…을 바래, …였으면

빈출패턴

I wish A B …가 ~하길 바래, …에게 ~를 기원하다

I wish to + V 나는 …하기를 바란다

I wish I could, but ~ 그러고 싶긴 하지만…

생각하면서 필사해보기

1. 안전하고 순조로운 여행이 되시길 바랍니다.
   I wish you a safe and prosperous trip.

2. 금요일에만 우편물을 받고 싶은데요.
   I wish to receive my mail only on Fridays please.

3. 정말 그러고 싶지만, 시간이 전혀 없어요.
   I wish I could, but I really don't have the time.

I think~
…라고 생각해

I think (that) ~ …라고 생각하다

Do [Don't] you think ~? …라고 생각하니[생각하지 않니]?

What makes you think ~? 왜 …라고 생각하는거죠?

생각하면서 필사해보기

1. 그 사람이 몇분 늦는다고 말했던 것 같아.
   I think he said he was running a few minutes late.

   ....

2. 이 안이 점점 추워지고 있는 것 같지 않니?
   Don't you think it is getting cold in here?

   ....

3. 이 색깔이 나한테 어울리는 것 같니?
   Do you think this color suits me?

   ....

How about ~?

…은 어때?

 빈출패턴

How about you [that]? 너는[그건] 어때?

How about that! 놀라운데! 그거 멋지다! 잘됐군!

How about + N [~ing]? …은 어때?, …하는 건 어때?

생각하면서 필사해보기

1. 당신은 어때요? 오늘 저녁에 갈비 먹고 싶어요?
   How about you? Do you want to eat kalbi tonight?

2. 크리스에게 돈 빌려달라고 해봐?
   How about asking Chris to lend you some money?

3. 담주 일요일에 만나는게 어때?
   How about getting together next Sunday?

I prefer~
…가 더 좋아

빈출패턴

I prefer + N[~ing] 나는 …가 더 좋다

I prefer ~ to~ 나는 …보다 ~가 더 좋다

I prefer to ~ rather than~ …보다 ~하는게 더 좋다

 생각하면서 필사해보기

1. 영화보러 가는 것보다 텔레비전 보는게 더 좋아.
   I prefer watching TV **to** going to the movies.

2. 나는 다른 사람이 듣지 않을 때 엄마에게 전화하는 걸 더 좋아한다.
   I prefer to call my mother when I have some privacy.

3. 난 학생들과 만나는 것을 더 좋아해.
   I prefer meet**ing** with the students.

014
seem~
…인 것 같아

 빈출패턴

seem + 형용사 …해 보인다, …인 것 같다

seem to + V …하는 것 같다

It seems that ~ …한 것 같이 생각되다

💡 생각하면서 필사해보기

1. 스미스 교수가 오늘 기분이 안좋은가봐.
   Professor Smith **seems to** be in a foul mood today.

2. 주위에서 누구도 내 말을 진지하게 받아들이지 않는 것 같아.
   Nobody **seems to** take me seriously around here.

3. 모두들 휴가가 더 길었으면 하고 바라는 것 같아.
   It seems like everyone wants to have more vacation time.

know~

…을 알다

📖 빈출패턴

I (don't) know that ~ 나는 …라는 걸 안다[모른다]

I don't know how[why/what] ~ 어떻게[왜/뭐가] …하는지 모르겠어

Do you know how to + V? …하는 방법을 아니?

 생각하면서 필사해보기

1. 내가 새로 제안한 내용에 그 사람이 동의하는 건지 잘 모르겠어.
   I don't know that he agrees with my new proposal.

2. 내일 질에게 생일 선물로 뭘 줘야 할지 모르겠어.
   I don't know what to get Jill for her birthday tomorrow.

3. 무슨 말인지 알겠어?
   Do you know what I mean?

mean
…을 의미하다

 빈출패턴

mean to …할 작정이다

mean that ~ …라는 의미이다, …할 의도이다

Do you mean ~? …라는 말인가요?, 네 말은 …라는거니?

💡 생각하면서 필사해보기

1. 네 전화기를 탁자 위에 놔둘 작정이었니?
   Did you mean to leave your phone on the table?

   ....

2. 제 얘기는 허가없이 들어와서는 안된다는 겁니다.
   I mean that you shouldn't come in without permission.

   ....

3. 제가 토요일에 필요하다는 말씀이세요?
   Do you mean that I need to come in on Saturday?

   ....

017 조동사 + have + pp

…했어야 했는데

📕 빈출패턴

should (not) have + pp …했어야[하지 말았어야] 했는데

must have + pp …했음에 틀림없다

cannot have + pp …했을리가 없다

💡 생각하면서 필사해보기

1. 그때 너한테 소리치지 말았어야 했는데. 미안해.
   I shouldn't have yelled at you just then. I'm sorry.

2. 보니가 알렉스에게 파티에 함께 가자고 했던게 틀림없어.
   Bonnie **must have asked** Alex to go to the party with her.

3. 걔가 크리스로부터 선물을 받았을리가 없어.
   He can't have accepted the gift from Chris.

018

mind ~ing
…을 꺼려하다

📕 **빈출패턴**

Do you mind + ~ing? …좀 해주시겠어요?

Do you mind if ~? …해도 될까요?

if you don't mind 괜찮으시다면

💡 **생각하면서 필사해보기**

1. 잠시 짐과 홀로 얘기해도 될까?
   Do you mind if I talk to Jim alone for a minute?

2. 텔레비전 좀 끌래?
   Do you mind turning the TV off?

3. 이런 말해서 그렇지만, 너 어디 출신이야?
   If you don't mind me asking, where are you from?

019

get~
얻다, 사다, 이해하다

📕 **빈출패턴**

be getting + 형용사 점점 …해지다

get sb sth [get sth for sb] …에게 ~을 사주다

get + O + to + V …에게 ~하도록 시키다

 **생각하면서 필사해보기**

1. 이 지루하고 무의미한 업무에 짜증이 나요.
   I'm getting tired of these long, pointless assignments.

2. 나갈 때 샌드위치 좀 사다줄래?
   Would you **get me a sandwich** when you go out?

3. 지금 당장 젠을 오게 하겠어.
   I'll get Jen to come over right away.

020 have~
갖다, 먹다

 **빈출패턴**

have + O + p.p. …가 ~되도록 하다

have sb do …에게 ~하도록 시키다

have to do with …와 관련이 있다

💡 **생각하면서 필사해보기**

1. 그 남자가 나더러 이 일을 10시까지 끝마치라고 했어.
   He told me to have this done by ten o'clock.

2. 그 여자는 상사에게서 추천서를 받아낼 것이다.
   She'll have her boss write her a letter of recommendation.

3. 사랑이 결혼과 어떤 관련이 있나요?
   What does love have to do with marriage?

021 let~

…하게 하다

📖 빈출패턴

(Please) let me + V 내가 …할게

Let me see if I can ~ …인지 아닌지 한번 볼게요

Don't let sb[sth] + V …가 ~하지 못하게 해라

💡 생각하면서 필사해보기

1. 네가 레포트 끝내면 내가 한번 볼게.
   Please let me see that report when you've finished.

2. 내가 도와줄 수 있을지 한번 볼게, 잠깐 기다려봐.
   Let me see if I can help you, just a minute.

3. 피터슨 교수가 너를 제멋대로 부리도록 내버려두면 안돼.
   Don't let Professor Peterson **push** you around.

022 Why don't you ~?
…을 해

 **빈출패턴**

Why don't you [we] + V? …하는게 어때?

Why not + V? …하는게 어때?

Why not? (제안에 대한 대답으로) 좋아, 안될 이유가 뭐 있겠어?

생각하면서 필사해보기

1. 크리스에게 도와달라고 그래.
   Why don't you ask Chris to help you?

2. 그녀에게 다이아몬드를 사줘.
   Why don't you get her a diamond?

3. 그냥 여행을 해.
   Why not just take a trip?

used to~
…하곤 했다

 **빈출패턴**

used to + V 예전엔 …(하곤) 했었다

There used to be + N 전에 …이 있었는데

get [be] used to + N …에 익숙해지다

💡 **생각하면서 필사해보기**

1. 난 예전에는 딸기 아이스크림을 좋아했어.
   I used to like strawberry ice cream.

   ---

2. 전에 여기에 출구가 하나 있었는데 지금은 못 찾겠네.
   There used to be an exit over here, but now I can't find it.

   ---

3. 미안하지만 적응하라고.
   I'm sorry, but you'd better **get used to** it.

I'm afraid that~
미안하지만 …해

빈출패턴

I am afraid of …이 두렵다[겁난다]

I am afraid to …하기가 두렵다

I am afraid that ~ …라서 유감이다

생각하면서 필사해보기

1. 수업시간에 질문하는 건 겁이 나.
   I am afraid of asking questions in class.

2. 안됐지만 나중에 다시 전화하셔야 할 것 같은데요.
   I'm afraid that you'll have to call back later.

3. 필요한게 있으면 망설이지 말고 부탁하세요.
   If you need anything, **don't be afraid to ask.**

I hope~
…을 희망해

📕 빈출패턴

I hope to + V …하면 좋겠다

I hope that ~ …라면 좋겠다

I hope so [not] 그랬으면 [그러지 말았으면]

💡 생각하면서 필사해보기

1. 이번 주말에 있을 테니스 시합에서 이겼으면 좋겠어.
   I hope to win my tennis match this weekend.

2. 다음에 여기 오실 때 저희를 기억해 주시면 좋겠어요.
   I hope that you'll think of us the next time you're in town.

3. 우승해서 네게 뭐 좋은거 사주고 싶어.
   I hope I win so I can buy you something nice.

help sb
…을 돕다

빈출패턴

help sb + V …가 ~하는 것을 돕다

help sb with~ …가 ~하는 것을 돕다

can't help + ~ing …하지 않을 수가 없다

생각하면서 필사해보기

1. 이 선생이 제안서를 작성하는 것을 내가 도와주겠다고 했다.
   I offered to help Mr. Lee with his proposal.

2. 내 숙제 좀 도와줄래?
   Can you help me with my homework?

3. 괜찮으면 설거지 도와줄게.
   I'll help you finish washing the dishes if you like.

Here~
여기~

 빈출패턴

Here you go [Here it is] (물건 등을 건네며) 여기 있습니다

Here's ~ 여기 …이 있습니다

I'm here to + V …하러 왔습니다

💡 생각하면서 필사해보기

1. 자요, 머리가 아프면 아스피린을 먹어봐요.
   Here you go, take an aspirin for your headache.

2. 여기 주문하신 맥주와 과자가 있습니다.
   Here's the beer and snacks you ordered.

3. 안좋은 소식을 전하러 여기 왔어.
   I'm here to deliver some bad news.

can't afford~
…할 여유가 없다

📖 **빈출패턴**

can't afford + N …을 (돈주고) 살 여유가 없다

can't afford to + V …할 여유가 없다

can't afford+N (용기 등) …할 수가 없다

💡 **생각하면서 필사해보기**

1. 은행에서 대출을 받으면 이 차를 살 수 있어요.
   We can afford this car if we take out a loan from the bank.

2. 우리는 올해 타히티로 휴가를 떠날 수가 없어요.
   We can't afford a vacation to Tahiti this year.

3. 그 사람은 더이상 너한테 이걸 설명하느라 시간낭비할 여유가 없어.
   He can't afford to waste anymore time explaining this to you.

Be + 형용사 [명사]

…해

Be a good boy 착하게 굴어라

Be patient 조바심내지 말아라

Don't be shy 부끄러워 하지마

생각하면서 필사해보기

1. 이제 착하게 굴어야지, 엄마에게 장난감을 드려라.
   Be a good boy now and give your toys to Mom.

2. 조바심내지 말고 잠시 기다려 봐.
   Please **be patient** and wait for a while.

3. 부끄러워 말고, 의견이 있으면 말해라.
   Please **don't be shy**! If you have something to say, speak up.

Don't + V

…하지 마라

▶ 빈출패턴

Don't forget to + V …하는거 잊지마

Don't hesitate to + V 주저하지 말고 …하도록 해

Don't tell me that ~ …라고 말하지마, 설마 …라는 얘기는 아니겠지?

💡 생각하면서 필사해보기

1. 나가는 길에 문단속하는거 잊지마.
   Don't forget to lock the door on your way out.

2. 뭐든 질문할게 있으면 망설이지 말고 전화하세요.
   Don't hesitate to call if you have any questions.

3. 설마 그 사람들한테 또 대출을 거절당한 건 아니겠지?
   Don't tell me that they denied your loan again.

031 be + 형용사 + 전치사

…해

be angry with …에게 화나다

be good at …를 잘하다, …에 소질이 있다

be interested in …에 관심이 있다

생각하면서 필사해보기

1. 간단한 질문 하나 했다고 그렇게 화를 낼 수 있는거예요?
How can you be angry with me for asking a simple question?

2. 그 사람은 외국어를 익히는데 소질이 있죠, 수줍음을 안 타거든요.
He's good at learning languages because he's not shy.

3. 내가 방금 제시한 건에 관심있어?
Are you interested in the deal I just offered?

be + pp + 전치사

…해

빈출패턴

be accused of …로 고발[고소]당하다

be committed to …에 집중하다[헌신하다]

be composed of …으로 구성되다

 생각하면서 필사해보기

1. 그 의뢰인은 잘 알려진 범죄자를 도와준 죄로 고소당했어요.
   The client is accused of aiding a known criminal.

   ....

2. 난 네가 잘 살 수 있는 기회를 주려고 온 힘을 다 쏟고 있어.
   I'm committed to giving you the opportunity to thrive.

   ....

3. 위원회는 마을의 지도자 10명으로 구성되어 있다.
   The council is composed of 10 leaders of the town.

   ....

동사+sb+sth
···에게 ···을 주다

빈출패턴

buy sb sth ···에게 ~를 사주다

give sb sth ···에게 ~를 주다

offer sb sth ···에게 ~를 제공하다

생각하면서 필사해보기

1. 그 사람들은 서로 크리스마스 선물로 다이아몬드를 사줬다.
   They bought each other diamonds for Christmas.

2. 그분을 만나면 제 이력서를 전해주시겠어요?
   Can you give him my resume when you see him?

3. 그분이 배고파 하시거든 네가 음식을 좀 드려야 한다.
   You should offer him some food if he's hungry.

That is~
그건 …야

빈출패턴

That is (not) + N [형용사] 그것은 …이(이 아니)다, 그건 …하다

That is why [when] ~ 그게 바로 …한 이유이다[때다]

That's not how ~ 그렇게 …하는 것이 아니다

생각하면서 필사해보기

1. 내가 너한테 거짓말을 했다고 생각한다면 그건 말도 안돼.
   If you think I lied to you, that's ridiculous.

2. 그리고 그게 바로 내가 애당초 여기서 일하기 시작한 이유라구.
   And that's why I started working here in the first place.

3. 글쎄, 그 여자가 일자리를 얻었다는 소식을 내가 그런 식으로 들은 건 아닌데.
   Well, that's not how I heard she got the job.

035 Can you[Could you]~ ?

…을 해줄래?

 **빈출패턴**

Can you [Could you] tell me ~? …좀 말씀해 주실래요?

Can you [Could you] show me how to + V?
…하는 방법 좀 알려주시겠어요?

I was wondering if you could ~ …좀 해주시겠어요?

생각하면서 필사해보기

1. 이 디스크를 다시 포맷시키는 방법 좀 알려주실래요?
   Can you show me how to reformat this disk?

2. 이 재킷을 어떻게 여는 건지 알려주시겠어요?
   Could you show me how to open this jacket?

3. 등 좀 긁어주시겠어요?
   I was wondering if you could scratch my back.

make~
…하게 하다

make sb+ V …가 ~하게 하다, …가 ~하도록 만들다

make it 해내다, 성공하다 *make it to + 장소 시간에 늦지 않게 …에 도착하다

make sense 이해되다, 이치에 맞다

1. 그 사람때문에 난 살아있다는게 너무 행복해요.
   He makes me feel so happy to be alive.

2. 넌 영리하고 용감해. 해낼 수 있다구.
   You are smart and brave. You can make it.

3. 그 사람들은 집에 제 시간에 도착하려고 해봤지만 그럴 수 없었다.
   They tried to make it to the house, but couldn't.

037 can't[couldn't]+동사

…할 수가 없어[없었어]

빈출패턴

I can't believe that ~ (놀라움) …을 믿을 수 없다

I can't wait to + V 난 …하고 싶어 못 견디겠다

I couldn't care less if ~ …이든 아니든 난 상관없어

생각하면서 필사해보기

1. 거기 가는데 그렇게 시간이 오래 걸리다니 믿을 수 없군요.
   I can't believe that it is taking so long to get there.

2. 그 희소식을 모두 빨리 그 사람들에게 전하고 싶어 죽겠어요.
   I can't wait to share all the good news with them.

3. 양키즈가 이기든 말든 나와는 상관없다구요.
   I couldn't care less if the Yankees win.

take
가져가다, 취하다

📕 빈출패턴

take A to B A를 B로 옮기다[데려가]

How long does it take to ~? …하는데 시간이 얼마나 걸리나요?

It takes sb + 시간 + to + V …가 ~하는데 …가 걸린다

💡 생각하면서 필사해보기

1. 녹색 선을 자주색 자리로 옮깁시다.
   Let's take the green line to the purple line.

   ....

2. 전문가가 되려면 얼마나 오래 걸리나요?
   How long does it take to become an expert?

   ....

3. 샐리는 이를 닦는데 5분 걸린다.
   It takes Sally five minutes to brush her teeth.

   ....

be in + N
…인 상태이다

빈출패턴

be in a good[bad] mood 기분이 좋다[나쁘다]

be in charge of …을 책임지고 있다

be in trouble 곤경에 처하다, 혼나다

생각하면서 필사해보기

1. 그 사람은 항상 그렇게 기분이 안좋더라구.
   He **is always in** such a bad mood.

   ....

2. 우리는 생산과 제조를 담당하고 있다.
   We **are in charge of** production and manufacturing.

   ....

3. 너 집에 빨리 들어오지 않으면, 혼이 날거야.
   If you are not home soon, you will **be in trouble**.

   ....

040 be + pp + to + V
…해서 …하다

📙 **빈출패턴**

be scheduled to …할 예정이다

be supposed to …하게 되어 있다, …할 예정이다

be prepared to …할 준비가 되다

💡 **생각하면서 필사해보기**

1. 넌 피해를 당하지 않도록 스스로를 보호할 준비가 되어있어야 해.
   You need to be prepared to protect yourself from harm.

   ....

2. 우리는 4시에 홍콩에 도착할 예정이다.
   We are scheduled to arrive in Hong Kong at four o'clock.

   ....

3. 공항에서 그 사람들을 데려오기로 한 사람이 누구지?
   Who is supposed to pick them up at the airport?

   ....

동사 to~
…을 …하다

📗 **빈출패턴**

decide to + V …하기로 결정하다

fail to + V …하지 못하다

try to + V …하려고 하다[애쓰다]

 생각하면서 필사해보기

1. 그 사람들은 단체로 술을 마시러 나가기로 했다.
   The group decided to go out for drinks.

   ....

2. 우리가 나타나지 않으면 우리 자리를 잃게 될 겁니다.
   If we fail to show up, we will lose our place.

   ....

3. 입을 열기 전에 먼저 좀 더 생각해보도록 해.
   Try to think more before you open your mouth.

   ....

Have you + pp?
…해봤어?

▶ 빈출패턴

Have you ever been to + 장소? …에 가본 적 있니?

Have you heard that ~? …라는 소식 들었니?

Have you thought about ~? …에 대해 생각해봤니?

💡 생각하면서 필사해보기

1. 전에 싸이판에 가본 적 있어?
   Have you ever been to Saipan before?

2. 제가 곧 결혼한다는 소식 들으셨어요?
   Have you heard that I am getting married soon?

3. 유리를 깨고 안에 들어갈 생각해봤어요?
   Have you thought about breaking the glass to get in?

if~
만약에 …한다면

 **빈출패턴**

even if ~ 만약 …한다 해도

What if ~? 만일 …하면 어쩌죠?

What do you say if ~? …하는 것에 대해 어떻게 생각해?

생각하면서 필사해보기

1. 시간이 있다 해도 난 그런 일은 안해.
   Even if I had time, I wouldn't do it.

2. 내가 당신에게 같은 급료를 준다고 말하면 어쩌겠소?
   What if I told you that I would give you the same salary?

3. 어디 가서 햄버거 좀 먹는게 어때?
   What do you say if we go and get hamburgers?

044 time to[for]~
…할 시간

빈출패턴

have time to + V …할 시간이 있다

have a hard time + ~ing …하느라 힘들다

It's high time that S + 과거동사 …할 때(가 되었)다

생각하면서 필사해보기

1. 잠깐 요기 좀 할 시간 있니?
   Do you have time to grab a bite to eat?

   ....

2. 어떤 종류를 선택할지 결정하기가 힘들어.
   We have a hard time deciding which kind to choose.

   ....

3. 네 실수들을 깨달아야 할 때다.
   It's high time that you realized your mistakes.

   ....

see sb[sth]
…을 보다

 빈출패턴

I don't see how ~ 어떻게 …할지 모르겠어요

I haven't seen ~ like that before
난 예전엔 저런 …를 본 적이 없어

You've never seen ~ like... …같은 ~를 본 적이 없을거야

💡 생각하면서 필사해보기

1. 그 사람이 어떻게 그걸 작동시킬지 모르겠어요.
   I don't see how he is going to make it work.

2. 밀레니엄 플라자같은 건물은 처음 볼거야.
   You've never seen a building **like** Millennium Plaza.

3. 모터에서 무슨 문제라도 발견했어?
   Did you see any problems with the motor?

feel (like)

…라 생각하다, …하고 싶다

빈출패턴

feel like + ~ing …하고 싶다

I don't feel like + ~ing …하고 싶지 않다

Feel free to + V 마음놓고[어려워말고] …하세요

생각하면서 필사해보기

1. 너무 피곤해서 그 여자한테 전화하고 싶지 않아.
   I don't feel like calling her, because I'm too tired.

2. 누구든 초대하고 싶은 사람은 다 초대하렴.
   Feel free to invite whomever you want.

3. 이건 좀 더 어렵겠다는 느낌이 드는군요.
   I have the feeling that this will be more difficult.

How + 부사~?
얼마나 …해?

 **빈출패턴**

How long ~? 얼마나 오래 …하나요?

How often ~? 얼마나 자주 …하나요?

How soon ~? 얼마나 빨리 …하세요?

💡 **생각하면서 필사해보기**

1. 존재의 의미에 대해 얼마나 자주 곰곰이 생각해봅니까?
   How often do you contemplate the meaning of existence?

   ....

2. 그 소포가 얼마나 빨리 도착할거라 생각해요?
   How soon do you think the package will arrive?

   ....

3. 이걸 하와이로 보내려면 비용이 얼마나 드나요?
   How much does it cost to send this to Hawaii?

   ....

keep~
유지하다, 계속하다

 **빈출패턴**

keep + ~ing 계속해서 …하다

keep sb[sth] from + ~ing
…가 ~하는 것을 막다, …가 ~하지 못하게 하다

keep in touch with …와 연락하다

생각하면서 필사해보기

1. 왜 같은 말을 반복하는거죠?
   Why do you keep telling me the same thing?

2. 변해가는 시대에 발맞춰가는게 중요해.
   It's important to keep pace with the changing times.

3. 정원에 네 개가 못 들어오게 해라.
   Keep your dog from coming into the garden.

049 way
길, (부사) 아주

 빈출패턴

on the [one's] way to …에 가는 길에

There's no way that ~ …할 수가 없다, …할 방법이 없다

find another way to + V …할 또 다른 방도를 찾아보다

생각하면서 필사해보기

1. 우리가 파티에 가는 길에 그걸 봤어.
   We were on the way to the party when we saw it.

2. 그 사람은 여기에 그렇게 일찍 돌아올 수가 없어.
   There's no way that he came back here so soon.

3. 우리는 매출을 늘릴 수 있는 또다른 방법을 찾아야만 한다.
   We should find another way to increase our sales.

050 go~
가다

빈출패턴

go to + 장소 …에 가다

go + ~ing …하러 가다

be going to~ …할 예정이다

생각하면서 필사해보기

1. 그 사람들은 동경에 갔는데 내내 향수병에 시달렸다.
   They went to Tokyo, but were homesick the whole time.

2. 난 지난 주말에 할아버지와 낚시를 갔었어.
   I went fishing with my grandfather last weekend.

3. 우린 부품들을 사리 서울에 갈거야.
   We are going to go to Seoul to buy the parts.

come
오다, 가다

빈출패턴

How come S + V? 어째서 …하는거야?

come up with …을 고안해내다[따라잡다]

come over 잠시 들르다[방문하다]

생각하면서 필사해보기

1. 너 오늘 아침에 회사에 왜 지각했니?
   How come you were late for work this morning?

2. 난 몇가지 새로운 기술들을 생각해내야 해.
   I need to **come up with** some new techniques.

3. 여기 와서 우리와 놀지 않을래?
   Why don't you **come over** and hang out with us?

would
…할거다

빈출패턴

I would appreciate it if you ~ …해 주시면 고맙겠습니다
I wouldn't ~ if I were you 내가 너라면 …하지 않을거야
If you were ~, would you...? 만일 네가 ~라면 …하겠니?

생각하면서 필사해보기

1. 공연 중에는 조용히 해주시면 감사하겠습니다.
   I would appreciate it if you would be quiet for the show.

   ....

2. 내가 너라면 그렇게 하지는 않을거야.
   I wouldn't do that **if I were you**.

   ....

3. 만일 당신이라면 그 결정에 대해 이의를 제기해 보겠습니까?
   If you were me, would you try and refute the decision?

   ....

MEMO

SECTION 2

Magic Talk! English

기본공식 001- 101

기본공식 001

I'm a lawyer
난 변호사야

만년초보 탈출하기

I'm~ 다음에 다양한 명사를 넣어봅시다.

「난 변호사야」라는 자기 소개의 표현입니다. 이처럼 I'm~ 뒤에는 이름, 직업, 지위, 자격 등을 나타내는 명사가 오는데요, 'I'와 그 명사의 관계는 '동격'이어야 하죠(I=lawyer).

영어로 직접 말해보고 써보기

1. 난 한국사람이야.
   I'm Korean.
   ▶ ....

2. 전 변호사입니다.
   I'm a lawyer.
   ▶ ....

3. 내가 걔 남자친구야.
   I'm her boyfriend.
   ▶ ....

> **내 입에서 영어가 나올 줄이야!**

A: You know Samantha, right?
B: Yes, I'm her boyfriend.

    A: 사만다랑 아는 사이죠, 그렇죠?
    B: 그럼요, 전 사만다 남자친구인걸요.

A:

B:

A: What kind of job do you do?
B: I'm a lawyer.

    A: 무슨 일을 하시나요?
    B: 변호사입니다.

A:

B:

I'm happy
난 기뻐

 만년초보 탈출하기

I'm~ 다음에 다양한 형용사를 넣어봅시다.

「난 행복해」, 「만족해」라는 의미죠. I'm+명사의 경우에서 'I'와 명사는 동격관계이지만, I'm+형용사에서 형용사는 주어 'I'의 '상태'를 나타냅니다.

영어로 직접 말해보고 써보기

1. 굉장히 피곤해.
   I'm so tired.
   ▶ ....

2. 준비됐어.
   I'm ready.
   ▶ ....

3. 나 지금 심각해[농담아냐].
   I'm serious.
   ▶ ....

내 입에서 영어가 나올 줄이야!

A: I'm happy because tomorrow is a holiday.
B: What do you plan to do?

 A: 내일이 휴일이라 기뻐.
 B: 뭐 할 건데?

A:

B:

A: I'm so tired. I've been studying all night.
B: Why don't you take a break?

 A: 너무 피곤해. 밤새 공부했거든.
 B: 잠깐 쉬지 그래?

A:

B:

기본공식 003

I'm happy with that
난 그거에 만족해

 만년초보 탈출하기

I'm+형용사 다음에 다양한 전치사+명사를 붙여봅시다.

「난 그것에(with that) 만족해」, 「그것 때문에 기뻐」라는 의미입니다. 무엇 때문에 혹은 무엇에관해서 그러한 상태인지를 나타내려면 형용사 뒤에 '전치사+명사'의 형태로 그 대상을 표현해주죠.

영어로 직접 말해보고 써보기

1. 난 수영을 잘 해.
I'm good at swimming.

▶ _____

2. 걔 거짓말에는 넌더리가 나.
I'm sick of her lies.

▶ _____

3. 난 딸기 알레르기가 있어.
I'm allergic to strawberries.

▶ _____

내 입에서 영어가 나올 줄이야!

A: I'm mad at her.
B: Oh? Why is that?

    A: 나 걔한테 화났어.
    B: 이런, 뭣 때문에?

A:
B:

A: Come here and try some of this.
B: I can't. I'm allergic to peaches.

    A: 이리 와서 이것 좀 먹어봐.
    B: 안돼. 난 복숭아 알레르기가 있어.

A:
B:

기본공식 004

I'm married to Chris
난 크리스하고 결혼했어

 만년초보 탈출하기

I'm+과거분사~ 다음에 다양한 전치사+명사를 넣어봅시다.

「나 크리스하고 결혼했어」, 「크리스하고 부부야」라는 말이죠. 과거분사 뒤에 '전치사+명사'의 형태를 다양하게 덧붙여 부연설명을 할 수 있습니다.

 영어로 직접 말해보고 써보기

1. 차가 막혀서 꼼짝달싹 못해.
   I'm stuck in traffic.

   ....

2. 그 사람이 걱정돼.
   I'm worried about him.

   ....

3. 난 정치에 관심있어.
   I'm interested in politics.

   ....

내 입에서 영어가 나올 줄이야!

A: Is that woman your girlfriend?
B: No, I'm married to her.

  A: 저 여자가 네 여자친구지?
  B: 아니, 내 아내야.

A:

B:

A: Are you on your way home right now?
B: Yes, but I'm stuck in traffic.

  A: 지금 집에 오는 길이야?
  B: 응, 근데 차가 막혀서 꼼짝달싹 못해.

A:

B:

기본공식 005

I'm on a diet
나 다이어트 중이야

 만년초보 탈출하기

I'm~ 다음에 다양한 전치사구를 넣어봅시다.
「다이어트 중이다」라는 의미의 숙어 be on a diet를 활용한 표현입니다. 아래의 표현들을 하나하나 외우면서 I'm+전치사 문형에 익숙해지세요.

 영어로 직접 말해보고 써보기

1. 곤경에 처했어.
   I'm in trouble.
   ▶ ....

2. 나도 같은 생각이야[동감이야].
   I'm with you.
   ▶ ....

3. 나 휴가중이야.
   I'm on vacation.
   ▶ ....

내 입에서 영어가 나올 줄이야!

A: Give me a hand. I**'m in trouble**.

B: What kind of help do you need?

   A: 도와줘. 난처한 일이 생겼어.

   B: 어떤 도움이 필요한거야?

A:

B:

A: What would you like for dinner?

B: I**'m on a diet**. I'll have tuna salad without any dressing.

   A: 저녁 뭐 먹을래?

   B: 나 다이어트 중이야. 소스 아무것도 뿌리지 않은 참치 샐러드를 먹을래.

A:

B:

I'm back
돌아올게

 만년초보 탈출하기

I'm~ 다음에 다양한 부사를 넣어봅시다.
I'm 다음에 달랑 부사 하나가 온 특이한 경우입니다. 「나 돌아왔어」, 「다녀왔어」라는 의미로 경우의 수가 많지 않으니까 그냥 통문장(몇 단어 없지만 그래도 문장은 문장!)으로 외워두세요.

 영어로 직접 말해보고 써보기

1. 난 낄래(게임 등에).
   I'm in.
   ▶

2. 난 빠질래.
   I'm out.
   ▶

3. 나 내일 비번이야.
   I'm off tomorrow.
   ▶

내 입에서 영어가 나올 줄이야!

A: I'm back. Did anyone call?
B: Yes, a woman named Clair called.

   A: 다녀왔어요. 전화 왔었나요?
   B: 네, 클레어라는 여자분이 전화했어요.

A:

B:

A: Do you want to join us for dinner?
B: I'm in. Where do you want to go?

   A: 우리랑 같이 저녁 먹을래?
   B: 같이 갈래. 어디 가려고 하는데?

A:

B:

I'm sure I can do it
난 확실히 그걸 할 수 있어

 만년초보 탈출하기

확신한다는 의미의 I'm sure~ 구문을 만들어 봅시다.

「난 그걸 할 수 있다고 확신해」, 즉 「난 틀림없이 할 수 있어」라는 말이에요. I'm sure 뒤에 '주어+동사'가 오는 경우로, 「…를 확신한다」, 「…이 틀림없다」는 의미입니다.

영어로 직접 말해보고 써보기

1. 난 틀림없이 문을 잠궜어.
   I'm sure I locked the door.
   ▶ ....

2. 걔는 틀림없이 우릴 도와줄거야.
   I'm sure she will help us.
   ▶ ....

3. 지미가 그 일을 했는지 잘 모르겠어.
   I'm not sure Jimmy did it.
   ▶ ....

내 입에서 영어가 나올 줄이야!

A: Did you invite Andy?
B: Yes, but **I'm not sure** he will come.

   A: 앤디 초대했니?
   B: 응, 하지만 올지 모르겠어.

A:
B:

A: **I'm sure** she doesn't love you.
B: How can you be so certain?

   A: 걘 널 사랑하지 않아, 틀림없어.
   B: 어떻게 그렇게 단정지어?

A:
B:

I'm afraid I didn't do it

내가 그렇게 한게 아닌데

만년초보 탈출하기

유감이지만 …이다라는 의미의 I'm afraid~ 구문을 만들어 봅시다.

「(유감이지만) 제가 한게 아닌데요」란 말입니다. I'm afraid는 상대방의 말이나 의견과 어긋난 얘기를 할 때, 혹은 안좋은 일에 대해서 「예상과 틀려서 유감이지만」, 「아니라면 좋겠지만」이라는 의미로 예의바르게 붙이는 말이에요. 뒤에 '주어+동사'를 붙여 말해보세요.

✍ 영어로 직접 말해보고 써보기

1. 잘못거신 것 같네요. (전화에서)
I'm afraid you have the wrong number.

▶ ....

2. 그렇지 않은 것 같네요.
I'm afraid not.

▶ ....

3. 유감스럽지만 널 도와줄 수가 없어.
I'm afraid I can't help you.

▶ ....

내 입에서 영어가 나올 줄이야!

A: You always drink my orange juice.
B: **I'm afraid** I didn't do it this time.

   A: 넌 늘 내 오렌지주스를 마시더라.
   B: 미안하지만 이번엔 안그랬어.

A:

B:

A: Can I speak to your boss?
B: **I'm afraid not.** He's very busy right now.

   A: 윗분과 얘기할 수 있을까요?
   B: 죄송하지만 그럴 수 없겠네요. 지금 굉장히 바쁘세요.

A:

B:

기본공식 009

I'm glad to hear that
그 얘기를 들으니 기쁘네

 만년초보 탈출하기

…하게 되어 기쁘다는 의미의 I'm glad~ 구문을 만들어 봅시다.

「그 얘기를 들으니 기쁘구나」라는 말입니다. 「…해서 기쁘다」는 의미의 I'm glad 뒤에는 'to+동사원형'이 올 수도 있고, 앞의 두 경우처럼 '주어+동사'의 절이 올 수도 있습니다.

영어로 직접 말해보고 써보기

1. 만나게 되어 반갑습니다.
   I'm glad to meet you.
   ▶

2. 네가 와줘서 기뻐.
   I'm glad you are here.
   ▶

3. 맘에 든다니 기뻐.
   I'm glad you like it.
   ▶

내 입에서 영어가 나올 줄이야!

A: She told me that she feels much better.
B: **I'm glad to hear** that.

   A: 걔가 그러는데 훨씬 나은 것 같대.
   B: 그 얘길 들으니 기쁘군.

A:

B:

A: Thank you for the present. These are lovely earrings.
B: **I'm glad** you like them.

   A: 선물 고마워. 귀걸이 예쁘더라.
   B: 맘에 든다니 기뻐.

A:

B:

I'm sorry about that
그일 미안해

 만년초보 탈출하기

I'm sorry~ 다음에 about+명사를 넣어봅시다.
「그 일은 참 미안하게 됐어」, 또는 「그 일은 참 안됐다」는 의미입니다. I'm sorry 뒤에 about+명사의 형태로 「…해서[하게 되어] 미안해」, 또는 「…해서[하게 되어] 안됐다」는 의미를 나타낼 수 있어요.

 영어로 직접 말해보고 써보기

1. 그 사람 일은 참 안됐어[미안해].
   I'm sorry about him.
   ▶ _____

2. 걔가 그런 식으로 굴다니, 미안해.
   I'm sorry about her behavior.
   ▶ _____

3. 네 문제들은 유감이야.
   I'm sorry about your problems.
   ▶ _____

내 입에서 영어가 나올 줄이야!

A: **Do you want to break up with me?**
B: **I have to. I'm sorry about that.**

   A: 나하고 헤어지고 싶은거야?
   B: 그래야겠어. 미안해.

A: _____

B: _____

A: **Oh no! My husband is drunk. I'm sorry about his behavior.**
B: **Don't worry about it.**

   A: 어머 이런! 제 남편이 취했네요. 남편 행동에 사과드려요.
   B: 괜찮아요.

A: _____

B: _____

기본공식 011

I'm sorry to hear that
그 얘기를 들으니 안됐네

🎓 만년초보 탈출하기

I'm sorry~ 다음에 다양한 to부정사를 넣어봅시다.

「그런 얘길 듣게 되어 유감이구나」, 「안됐다」는 의미입니다. I'm sorry 뒤에 to+동사원형의 형태가 오는 경우로, 「…해서[하게 되어] 미안해」, 또는 「…해서[하게 되어] 안됐다」는 의미의 문장을 만듭니다.

✏️ 영어로 직접 말해보고 써보기

1. 기다리게 해서 미안해.
   I'm sorry to keep you waiting.
   ▶ _____

2. 이런 말 해서 미안하지만 우리 헤어져야겠어.
   I'm sorry to say we must break up.
   ▶ _____

3. 번거롭게 해서 미안해.
   I'm sorry to bother you.
   ▶ _____

내 입에서 영어가 나올 줄이야!

A: I was fired from my job.
B: Really? **I'm sorry to** hear that.

   A: 회사에서 짤렸어.
   B: 진짜야? 안됐다.

A:
B:

A : I can't stand this cold, wet weather.
B : **I'm sorry to** say I'm getting used to it.

   A : 이렇게 춥고 습한 날씨는 견딜 수가 없어.
   B : 미안한 말이지만 난 이제 적응이 되고 있어.

A:
B:

I'm sorry I'm late
늦어서 미안해

만년초보 탈출하기

I'm sorry~ 다음에 다양한 문장을 넣어봅시다.

「늦어서 죄송해요」라는 말이죠. 무엇이 미안한지 미안한 '이유'를 I'm sorry 다음에 (that) 주어+동사의 형태로 나타내는 경우입니다. 이때의 that은 보통 생략하는 경우가 많죠. 아직 저지르지 않은 미안한 행동에 양해를 구하거나 변명을 할 때에도 I'm sorry , (but) 주어+동사의 형태로 말해요. 보통은 that 이나 but을 생략하기 때문에 형식이 비슷해 보입니다.

영어로 직접 말해보고 써보기

1. 미안해, 생일파티에 못갔네.
   I'm sorry (that) I missed your birthday party.
   ▶ _____

2. 죄송해요, 이름을 못들었어요.
   I'm sorry, (but) I didn't catch your name.
   ▶ _____

3. 미안하지만 말할 수 없어.
   I'm sorry, (but) I can't say.
   ▶ _____

> **내 입에서 영어가 나올 줄이야!**

A: I'm sorry, I didn't catch your name. What is it?

B: Please call me Chris.

   A: 죄송해요, 이름을 못들었어요. 이름이 뭐죠?

   B: 크리스라고 불러주세요.

A:

B:

A: I'm sorry I missed your birthday party.

B: That's okay… but you owe me a gift!

   A: 생일파티 못가서 미안해.

   B: 괜찮아… 하지만 선물은 줘야 돼!

A:

B:

기본공식 013

I'm just looking
그냥 구경중예요

 만년초보 탈출하기

I'm~ 다음에 다양한 동사의 ~ing 형태를 넣어봅시다.

쇼핑시 점원에게 그냥 구경 중이라고 얘기할 때 쓰는 표현으로 「그냥(just) 둘러보는 중이에요」라는 뜻입니다. I'm+~ing 혹은 I was +~ing의 형태로 내가 현재하고 있는 동작이나 가까운 미래에 할 일을 혹은 과거에 진행중인 일이나 과거시점에서 앞으로 할 일들을 표현할 수 있습니다.

영어로 직접 말해보고 써보기

1. 지금 그 일을 하고 있는 중이야.
   I'm working on it.

   ▶ _____

2. 적당한 시기를 기다리고 있는 중이야.
   I'm waiting for the right moment.

   ▶ _____

3. 짐이 전화했을 때, 난 걔 얘길 하고 있는 중이었어.
   I was talking about Jim when he called.

   ▶ _____

내 입에서 영어가 나올 줄이야!

A: Where is the report I asked for?
B: **I'm** work**ing** on it. I'll be finished soon.

> A: 내가 부탁한 보고서는 어디있죠?
> B: 지금 하고 있어요. 곧 끝낼게요.

A:

B:

A: Are you going to ask Kate on a date?
B: **I'm** wait**ing** for the right moment.

> A: 케이트한테 데이트 신청하려고?
> B: 적당한 시기를 기다리고 있는 중이야.

A:

B:

기본공식 014

I'm going to the new restaurant

새로 생긴 식당에 갈거야

 만년초보 탈출하기

I'm going~ 다음에 다양한 to+명사를 넣어봅시다.
「새로 생긴 그 식당에 갈거야」라는 의미죠. 'I'm going+부사'나 'I'm going to+장소를 나타내는 명사'의 형태는 「…로 갈 것이다」, 「…로 가고 있는 중이다」라는 뜻입니다.

영어로 직접 말해보고 써보기

1. 나 도서관 가는 중이야[갈거야].
   I'm going to the library.

   ▶ ....

2. 나이트 클럽 가는 중이야[갈거야].
   I'm going to a night club.

   ▶ ....

3. 올 여름엔 뉴욕에 갈거야.
   I'm going to New York this summer.

   ▶ ....

내 입에서 영어가 나올 줄이야!

A: I'm going to an Indian restaurant for dinner.

B: I didn't know you liked Indian food.

   A: 저녁 먹으러 인도 식당에 갈거야.

   B: 네가 인도 음식 좋아하는 줄은 몰랐네.

A:

B:

A: Where are you going?

B: I'm going to the library.

   A: 어디 가?

   B: 도서관 가는 중이야.

A:

B:

기본공식 015

I'm going to get a driver's license

운전면허를 딸거야

만년초보 탈출하기

I'm going~ 다음에 다양한 to+동사를 넣어봅시다.

「운전면허(driver's license)를 딸거야」라는 말입니다. I'm going to+동사는 「…할거야」라는 의미로, 미래의 일을 언급하는 표현이죠. I'm planning to+동사의 형태로 바꿔 쓸 수도 있습니다.

영어로 직접 말해보고 써보기

1. 언젠가 걔랑 결혼할거야.

   I'm going to marry her someday.

   ▶ ....

2. 매일 영어공부 할거야.

   I'm going to practice English every day.

   ▶ ....

3. 일주일간 머무를거야.

   I'm going to stay for a week.

   ▶ ....

내 입에서 영어가 나올 줄이야!

A: Do you plan to buy a car?

B: Someday. **I'm going to** get a driver's license first.

   A: 차를 살거니?
   B: 언젠가는 사야지. 먼저 운전면허를 따려고 해.

A: _____

B: _____

A: **I'm going to** marry her someday.

B: How long have you two been dating?

   A: 언젠가는 걔하고 결혼할거야.
   B: 둘이 얼마나 사귀었는데?

A: _____

B: _____

기본공식 016

You're my best friend
넌 내 베프야

 만년초보 탈출하기

You're ~ 다음에 다양한 (형용사+)명사를 넣어봅시다.

「넌 최고의 친구야」, 「넌 내 단짝 친구야」라는 말이죠. 이렇게 You are 다음에 '명사' 혹은 '형용사+명사'가 와서 상대의 지위나 자격 등을 언급할 수 있습니다. You're a good cook에서와 같이 '잘한다는 뜻을 지닌 형용사+사람'의 형태로 「넌 정말 …을 잘하는구나」라는 의미를 나타낼 수도 있지요. 여기서의 cook은 직업적인 「요리사」라기 보다는 「요리하는 사람」 정도의 의미예요.

 영어로 직접 말해보고 써보기

1. 넌 걔 여자친구잖아.
   You're his girlfriend.
   ▶ ....

2. 정말 좋은 분이세요.
   You're a really nice guy.
   ▶ ....

3. 요리를 잘하시네요.
   You're a good cook.
   ▶ ....

내 입에서 영어가 나올 줄이야!

A: I really like Adam. He's so cute.
B: **You're** his girlfriend, so you must be happy.

   A: 애덤이 아주 좋아. 걔 정말 귀여워.
   B: 넌 걔 여자친구니까 행복하겠구나.

A:

B:

A: **You're** a very good piano player.
B: Thanks. Would you like me to play another song for you?

   A: 넌 정말 피아노를 잘 치는구나.
   B: 고마워. 한 곡 더 쳐줄까?

A:

B:

기본공식 017

You're such a great student
넌 정말 훌륭한 학생이야

 만년초보 탈출하기

You're~ 다음에 다양한 such a+(형용사)+명사를 넣어봅시다.

「넌 정말 훌륭한 학생이야」라는 말입니다. such a+형용사+명사는 「굉장히 …한 사람이나 사물」을 나타내는 표현이죠. 상대방을 칭찬할 때 쓸 수 있는 표현으로 계속 You're very kind만 고집할게 아니라 You're such a kind person이라고 한번 세련되게 말해보도록 하죠.

영어로 직접 말해보고 써보기

1. 운전을 참 잘하시네요.
   You're such a good driver.
   ▶

2. 너 정말 멍청하다.
   You're such an idiot.
   ▶

3. 굉장히 친절한 분이군요.
   You're such a kind person.
   ▶

내 입에서 영어가 나올 줄이야!

A: You look beautiful tonight.
B: Thanks. You're such a kind person.

   A: 오늘 참 예쁘시네요.
   B: 고마워요. 정말 다정한 분이세요.

A: ⎯⎯⎯⎯⎯⎯⎯⎯⎯⎯⎯⎯⎯⎯⎯⎯⎯⎯⎯⎯⎯⎯⎯

B: ⎯⎯⎯⎯⎯⎯⎯⎯⎯⎯⎯⎯⎯⎯⎯⎯⎯⎯⎯⎯⎯⎯⎯

A: You're such a good driver.
B: Thank you. I've never had a traffic accident.

   A: 너 운전을 정말 잘 하는구나.
   B: 고마워. 교통사고를 낸 적이 없긴 하지.

A: ⎯⎯⎯⎯⎯⎯⎯⎯⎯⎯⎯⎯⎯⎯⎯⎯⎯⎯⎯⎯⎯⎯⎯

B: ⎯⎯⎯⎯⎯⎯⎯⎯⎯⎯⎯⎯⎯⎯⎯⎯⎯⎯⎯⎯⎯⎯⎯

You're supposed to pick up Tim

넌 팀을 픽업하기로 되어 있어

 만년초보 탈출하기

You're ~ 다음에 다양한 과거분사 형태를 넣어봅시다.
과거분사 또한 형용사처럼 쓰여 역시 주어가 어떤 상황인지를 말합니다. 특히 숙어화된 You're supposed to+동사, You're allowed to+동사 등을 잘 기억해두었다가 활용하시면 도움이 많이 됩니다.

 영어로 직접 말해보고 써보기

1. 너 그러면 안돼.
   You're not supposed to do that.
   ▶

2. 음료는 밖으로 가지고 나가실 수 없어요.
   You're not allowed to have drinks out here.
   ▶

3. 여기서 담배 피우시면 안됩니다.
   You're not allowed to smoke here.
   ▶

내 입에서 영어가 나올 줄이야!

A: You're supposed to pick up Sally.
B: Well, I'd better leave now.

    A: 너 샐리를 마중나가야 하잖아.
    B: 응, 지금 출발해야겠다.

A:
....

B:
....

A: You're not allowed to have drinks out here.
B: Oh, I didn't know that.

    A: 음료는 밖으로 가지고 나가실 수 없습니다.
    B: 어머, 몰랐어요.

A:
....

B:
....

기본공식 019

You're doing great
넌 지금 잘 하고 있어

 만년초보 탈출하기

You're ~ 다음에 다양한 ~ing형태를 넣어봅시다.
「넌 지금 잘 하고 있는거야」하고 기운을 북돋워주면서 하는 말입니다. You're 뒤에 동사의 현재진행형(~ing)이 오는 경우죠.

영어로 직접 말해보고 써보기

1. 겁주지마[네가 날 겁먹게 하고 있어].
   You're scaring me.
   ▶
   ....

2. 너땜에 신경쓰여[네가 날 신경 날카롭게 만들고 있어].
   You're making me nervous.
   ▶
   ....

3. 너 지금 크게 실수하고 있는거야.
   You're making a big mistake.
   ▶
   ....

내 입에서 영어가 나올 줄이야!

A: **Stop that noise. You're bothering me.**
B: **I'll try to be more quiet.**

　A: 시끄러운 소리 좀 그만 내. 신경쓰여.
　B: 좀 더 조용히 해볼게.

A:
B:

A: **I heard this house has a ghost.**
B: **Stop it! You're scaring me.**

　A: 이 집에 귀신이 있다더라.
　B: 그만 해! 겁나잖아.

A:
B:

기본공식 020

Are you Korean?

한국인이세요?

 만년초보 탈출하기

Are you ~ 다음에 다양한 명사를 넣어봅시다.

「한국인이세요?」라는 말이죠. 가장 기본적인 Are you+명사? 문형으로, 주로 상대방의 국적이나 신분, 자격 등을 묻게 됩니다.

 영어로 직접 말해보고 써보기

1. 여기 직원인가요?

   Are you an employee here?

   ▶ ....

2. 형제가 없나요[외동아들[딸]이세요]?

   Are you an only child?

   ▶ ....

3. 춤 잘 추세요?

   Are you a good dancer?

   ▶ ....

내 입에서 영어가 나올 줄이야!

A: Are you an only child?
B: No, I have one brother.

    A: 형제가 없나요?
    B: 아뇨, 남동생이 한 명 있어요.

A:

B:

A: Are you Korean?
B: Yes, I'm from an area south of Seoul.

    A: 한국인이세요?
    B: 네, 서울 남쪽에 있는 지역에서 왔어요.

A:

B:

기본공식 021

Are you a friend of Mindy?

네가 민디의 친구야?

 만년초보 탈출하기

Are you ~ 다음에 다양한 명사+전치사구를 넣어봅시다.
「네가 민디의 친구니?」라는 물음이죠. 이처럼 명사에 '전치사+명사' 형태의 수식어구를 붙여 어떤 사람인지 좀더 자세히 물어볼 수 있습니다.

영어로 직접 말해보고 써보기

1. 이 헬스클럽 회원이세요?
   Are you a member of the gym?
   ▶

2. 당신이 테리의 옛 애인이에요?
   Are you an ex-girlfriend of Terry?
   ▶

3. 네가 캐시의 사촌이니?
   Are you a cousin of Cathy?
   ▶

> 내 입에서 영어가 나올 줄이야!

A: Are you a member of the gym?

B: Yes, I come here several times a week.

> A: 이 헬스클럽 회원이세요?
>
> B: 네, 일주일에 몇번 여기 와요.

A:

B:

A: Are you a friend of Jake?

B: Not really, I've met him a few times though.

> A: 제이크의 친구분인가요?
>
> B: 그렇지는 않아요. 짐을 몇 번 만나본 적은 있지만요.

A:

B:

Are you okay?
너 괜찮아?

 만년초보 탈출하기

Are you ~ 다음에 다양한 형용사를 넣어봅시다.

「괜찮아?」라는 말로 Are you all right?이라고 해도 돼요. 아래처럼 Are you 다음에 다양한 형용사를 써보면서 연습을 해보세요. 한가지 유의할 건 네이티브들이 워낙 말을 빨리하다보니 Are you~?에서 'Are'는 거의 들리지 않을 때가 많고 어떤 경우에는 아예 발음하지 않고 You okay?, You ready?, You sure? 등으로 말할 수도 있으니 기억해두세요.

 영어로 직접 말해보고 써보기

1. 시간이 되나요?
   Are you available?
   ▶

2. 거기에 대해 만족해?
   Are you happy with that?
   ▶

3. 이번 주말에 시간 있어?
   Are you free this weekend?
   ▶

내 입에서 영어가 나올 줄이야!

A: I was in a car accident this morning.
B: Oh no! Are you okay?

    A: 오늘 아침에 차 사고를 당했어.
    B: 저런! 괜찮아?

A:
....

B:
....

A: Are you free this weekend?
B: Yeah, I don't have any special plans.

    A: 이번 주말에 한가해?
    B: 응, 특별한 계획 없어.

A:
....

B:
....

Are you ready to go?

갈 준비됐어?

 만년초보 탈출하기

Are you ready~ 다음에 to부정사를 넣어봅시다.

「갈 준비됐어?」라는 의미로 상대방이 뭔가 할 준비가 되어 있는지를 물어볼 때 사용합니다. 준비하는 내용은 ready 다음에 to부정사를 붙여서 말하면 됩니다.

영어로 직접 말해보고 써보기

1. 쇼핑 갈 준비 다 됐어?
   Are you ready to go shopping?
   ▶

2. 시험 볼 준비 됐나요?
   Are you ready to take the test?
   ▶

3. 그 일에 대해 얘기할 준비 됐니?
   Are you ready to talk about it?
   ▶

내 입에서 영어가 나올 줄이야!

A: We have to leave. Are you ready to go?
B: I will be in five minutes.

> A: 우리 가야 돼. 갈 준비 다 됐어?
> B: 5분 후엔 준비될거야.

A:

B:

A: Are you ready to order?
B: Yes. I'll have a shrimp salad.

> A: 주문하시겠습니까?
> B: 네. 저는 새우 샐러드로 주세요.

A:

B:

Are you sure about that?

그거 확실한거야?

 만년초보 탈출하기

Are you sure ~ 다음에 전치사구나 절을 넣어봅시다.

단순히 Are you sure?라고만 해도 되지만 좀더 강조하고 싶을 때 Are you sure about that?이라고 해도 됩니다. 「그것에 대해 확실해?」, 「그거 확실한거야?」라는 말이죠. 이처럼 Are you sure는 뒤에 전치사구나 주어+동사의 절을 붙여 자기가 궁금한 내용을 자세히 언급할 수 있는 유용한 문형입니다.

 영어로 직접 말해보고 써보기

1. 정말 괜찮아?

   Are you sure you're okay?

   ▶ ....

2. 정말 안오려는거야?

   Are you sure you don't want to come?

   ▶ ....

3. 정말로 네가 그랬니?

   Are you sure you did it?

   ▶ ....

내 입에서 영어가 나올 줄이야!

A: I've decided to move to Europe this year.
B: Really? Are you sure about that?

A: 올해 유럽으로 이사가기로 했어.
B: 정말? 확실한거야?

A:

B:

A: I decided not to go to the party.
B: Are you sure you don't want to come?

A: 그 파티에는 가지 않기로 했어.
B: 정말 안오려는거야?

A:

B:

기본공식 025

Are you done?
다했어?

 만년초보 탈출하기

Are you ~ 다음에 다양한 과거분사 형태를 넣어봅시다.

「다했어?」,「다끝났어?」라는 말이죠. 역시 Are가 생략되어 You done?이라고 쓰이기도 합니다. 특히 계속 빈번하게 모습을 보이는 be supposed to+동사(…하기로 되어 있다), be interested in+명사(…에 관심있다) 등의 표현은 꼭 외워두도록 하세요.

영어로 직접 말해보고 써보기

1. 네가 이걸 하기로 되어 있어?
   Are you supposed to do it?
   ▶

2. 미국문화에 관심 있나요?
   Are you interested in American culture?
   ▶

3. 이 일에 필요한 자격조건을 갖추었나요?
   Are you qualified for this job?
   ▶

내 입에서 영어가 나올 줄이야!

A: Are you done?

B: I'm almost finished. Please wait five minutes.

A: 다 했어요?

B: 거의 끝났어요. 5분만 기다려 주세요.

A:

B:

A: What is the perfect birthday present for my wife?

B: Are you married? I thought you were single.

A: 아내한테 줄 완벽한 생일선물이 뭐가 있을까요?

B: 결혼했어요? 독신인 줄 알았는데.

A:

B:

기본공식 026

Are you coming with us?

우리랑 같이 갈거지?

🎓 만년초보 탈출하기

Are you ~ 다음에 다양한 ~ing형태를 넣어봅시다.

「너 우리랑 같이 갈거지?」라는 말입니다. Are you 뒤에 동사의 ~ing를 붙여 상대방이 현재 하고 있는 일을 물어보거나 앞으로 상대방의 예정사항을 물어 볼 때 사용하는 문형입니다.

✏️ 영어로 직접 말해보고 써보기

1. 요즘 먹고 있는 약이 있나요?
   Are you takin**g any medication?**
   ▶ _____

2. 누가 봐드리고 있나요?(상점에서)
   Are you bein**g helped?**
   ▶ _____

3. 우리랑 같이 갈거지?
   Are you comin**g with us?**
   ▶ _____

내 입에서 영어가 나올 줄이야!

A: Are you still smoking?

B: Yes, but I'm going to try to quit.

　A: 아직도 담배 피우니?

　B: 응, 하지만 끊어보려고 해.

A:

B:

A: I've been feeling very sick lately.

B: Are you taking any medication?

　A: 요즘 계속 속이 메슥거려.

　B: 약은 먹고 있는거니?

A:

B:

기본공식 027

This is Sung-duck speaking

성덕인데요

만년초보 탈출하기

This is~ 다음에 다양한 사람 이름을 넣어봅시다.

기본적인 전화영어 표현으로 「저는 성덕이라고 하는데요」라는 말이죠. '이것(This)'이 감히 신성한(?) 사람을 가리킨다는게 거북할 수도 있겠지만 전화받을 때와 사람을 소개할 때에는 반드시 사람을 가리키면서 This is+사람명사의 문형을 씁니다. 우리도 사람 소개시 "이쪽은~"이라고 하는 걸 생각해보면 이해가 쉽죠.

영어로 직접 말해보고 써보기

1. (남에게 소개할 때) 얘는 민희라고 해. (전화에서) 나 민희야.
   This is Min-hee.
   ▶

2. 얘는 내 친구 제니퍼야.
   This is my friend, Jennifer.
   ▶

3. 이쪽은 제 상사인 서 서장님입니다.
   This is my boss, Mr. Suh.
   ▶

내 입에서 영어가 나올 줄이야!

A: Hi, Harry. This is my friend, Eric.

B: Nice to meet you, Eric.

> A: 안녕, 해리. 이쪽은 내 친구 에릭이야.
>
> B: 에릭, 만나서 반가워.

A:

B:

A: Hello. This is Steve Parel speaking.

B: Hello there. Can I ask you a few questions?

> A: 여보세요. 스티브 패럴입니다.
>
> B: 안녕하세요. 몇가지 좀 여쭤봐도 될까요?

A:

B:

기본공식 028

This is my favorite song

이거 내가 좋아하는 노래야

만년초보 탈출하기

This is~ 다음에 다양한 명사를 넣어봅시다.

「이거 내가 좋아하는 노래야」라는 의미입니다. This is 다음에는 만질 수 있는 「구체적인 사물」뿐아니라 「추상적인 사물」, 「사건」 등을 나타내는 명사도 올 수 있어요.

영어로 직접 말해보고 써보기

1. 이건 내 취향이 아냐.
   This is not my style.
   ▶ ....

2. 근사한 곳이네요.
   This is a great place.
   ▶ ....

3. 훌륭한 파티네요.
   This is a great party.
   ▶ ....

내 입에서 영어가 나올 줄이야!

A: It's snowing outside.

B: In the middle of April? This is unbelievable!

A: 밖에 눈와.

B: 4월 중순에? 말도 안돼!

A:

B:

A: Wow, he hit a home run. This is so exciting.

B: Yeah, now the score is tied.

A: 이야, 저 선수가 홈런을 쳤군. 이거 정말 흥미진진한걸.

B: 그래, 이제 동점이네.

A:

B:

This is what I want to do

이게 바로 내가 하고 싶은 일이야

 만년초보 탈출하기

This is ~ 다음에 다양한 명사절을 넣어봅시다.
「이게 바로 내가 하고 싶은 일이야」라는 의미입니다. 'This is what+주어+동사'의 형태로 「이게 바로 주어가…하는거야」라고 하는 표현이죠. 과거형을 써서 This is what 'I wanted' to do라고 하면 「원하던 일이야」, 「바라던 바야」라는 말이 됩니다.

 영어로 직접 말해보고 써보기

1. 이게 바로 네가 해야 할 일이야.
   This is what you have to do.
   ▶

2. 이게 바로 내가 지금 얘기하려는거야.
   This is what I'm trying to say.
   ▶

3. 이건 내가 주문한게 아닌데요.
   This is not what I ordered.
   ▶

내 입에서 영어가 나올 줄이야!

A: I'm glad we're going to Hawaii.
B: Me too. This is what I wanted to do.

   A: 하와이로 가게 되다니 기뻐.
   B: 나도 그래. 내가 바라던 바거든.

A:

B:

A: Waiter! This is not what I ordered.
B: I'm sorry, sir. I'll bring you the right food.

   A: 저기요! 이건 내가 시킨게 아닌데요.
   B: 죄송합니다, 손님. 주문하신 음식을 가져오겠습니다.

A:

B:

기본공식 031

This is going to be so cool

이건 아주 근사하게 될거야

 만년초보 탈출하기

This is going to~ 다음에 다양한 be+명사[형용사]/ 동사를 넣어봅시다.
This is going to 다음에 동사로 be 동사가 와서 This is going to be+명사[형용사] 혹은 동사가 뒤따르는 문형이 된 경우입니다. 「이건 아주 근사하게 될거야」, 「아주 근사한거야」라는 의미입니다.

 영어로 직접 말해보고 써보기

1. 굉장히 재밌을거야.
   This is going to be so much fun.
   ▶

2. 네가 생각했던 것보다 더 힘들거야.
   This is going to be harder than you thought.
   ▶

3. 이건 말도 안되는 소리로 들릴거야.
   This is going to sound crazy.
   ▶

내 입에서 영어가 나올 줄이야!

A: Let's work on the project together.
B: OK. **This is going to** be so much fun.

   A: 그 프로젝트 같이 하자.
   B: 좋아. 굉장히 재미있을거야.

A:
....

B:
....

A: **This is going to** be harder than we thought.
B: Come on. We can do it.

   A: 이거 우리가 생각했던 것보다 더 힘들어지는 걸.
   B: 왜 이래. 우린 할 수 있어.

A:
....

B:
....

기본공식 032

Is this free?
이거 무료예요?

 만년초보 탈출하기

Is this~ 다음에 다양한 단어들을 넣어봅시다.
free는 가격으로부터 자유롭다는 뜻도 돼서 위 문장은 「이거 공짜예요?」라는 말입니다. Is this 뒤에 다양한 형용사, 명사, 혹은 전치사구를 붙여서 this(이 물건 혹은 이 일)의 상태에 대해 물어봐요.

 영어로 직접 말해보고 써보기

1. 꼭 이래야 하니?
   Is this really necessary?
   ▶ _____

2. 이게 네가 찾고 있던거니?
   Is this what you were looking for?
   ▶ _____

3. 이거 뉴욕으로 가나요?
   Is this for New York?
   ▶ _____

내 입에서 영어가 나올 줄이야!

A: The buffet smells good. Is this food free?

B: No, you have to pay for it.

> A: 부페 음식 냄새 좋네요. 이 음식 공짜예요?
>
> B: 아뇨, 돈을 내셔야 해요.

A:

B:

A: Here is a present we bought.

B: Is this for me? Thanks so much!

> A: 이거 우리가 산 선물이야.
>
> B: 이거 내거야? 정말 고마워!

A:

B:

Is this your first time to do this?

이거 처음 해보니?

 만년초보 탈출하기

Is this your first time~ 다음에 다양한 to부정사를 넣어봅시다.
「이 일을 하는게(to do this) 이번이 처음이니?」, 「이거 처음 해보니?」라는 말입니다. Is this your first time 다음에 to+동사원형의 형태를 붙여 처음이냐고 물어보는 표현이에요.

 영어로 직접 말해보고 써보기

1. 한국음식 처음 드셔보세요?
   Is this your first time to try Korean food?
   ▶

2. 줄리를 만나는거 이번이 처음인가요?
   Is this your first time to meet Julie?
   ▶

3. 미국 방문은 이번이 처음이니?
   Is this your first visit to America?
   ▶

내 입에서 영어가 나올 줄이야!

A: Is this your first time to meet Julie?
B: No, but I don't know her very well.

A: 줄리를 만나는거 이번이 처음이야?
B: 처음은 아니지만 그리 친하지는 않아.

A:

B:

A: Is this your first visit to America?
B: Yes. It's also my first trip abroad.

A: 이번이 미국에 처음 오신 건가요?
B: 네. 처음 해외 여행 온 것이기도 하죠.

A:

B:

That's right
맞아

 만년초보 탈출하기

That is ~ 다음에 다양한 형용사나 전치사구 혹은 명사를 넣어봅시다.
상대방의 말을 받아 「맞아」라고 할 때 쓰는 표현입니다. That is 다음에 다양한 '형용사'나 '전치사구,' 혹은 '명사'를 써서 느낌을 말해봐요.

 영어로 직접 말해보고 써보기

1. 괜찮아.
   That's all right.
   ▶

2. 고맙기도 해라.
   That's so sweet.
   ▶

3. 그거 좋은 생각이네.
   That's a good idea.
   ▶

내 입에서 영어가 나올 줄이야!

A: I heard that you wrote a book.
B: That's right. It was a mystery novel.

A: 책을 한 권 쓰셨다고 들었는데요.
B: 맞아요. 미스터리 소설이었죠.

A:

B:

A: Let's stop working and finish this tomorrow.
B: That's a good idea. I'm tired.

A: 그만 일하고 내일 마무리하자.
B: 좋은 생각이야. 나 피곤해.

A:

B:

기본공식 035

That's what I was looking for

그게 바로 내가 찾고 있던거야

 만년초보 탈출하기

That is~ 다음에 what으로 시작하는 다양한 명사절을 넣어봅시다.
「그게 바로 내가 찾고 있던거야」라는 말입니다. 상대방이 언급한 내용을 That 으로 받아 뒤에 'what+주어+동사~'의 명사절로 만들어 보세요.

영어로 직접 말해보고 써보기

1. 내가 말하려는게 바로 그거라구.
   That's exactly what I'm trying to say.
   ▶ ....

2. 내 말은 그게 아니야.
   That's not what I meant.
   ▶ ....

3. 내가 듣고 싶은 말은 그게 아냐.
   That's not what I want to hear.
   ▶ ....

내 입에서 영어가 나올 줄이야!

A: Do you think he's cruel?

B: **That's not what** I meant. I think he's selfish.

   A: 넌 걔가 인정사정 없다고 생각하니?

   B: 내 말은 그게 아니야. 걔가 이기적인 것 같다구.

A:

B:

A: You want to rent a small apartment?

B: Yes. **That's what** I'm looking for.

   A: 작은 집에 세들고 싶다는거죠?

   B: 네. 그게 바로 제가 찾고 있는 겁니다.

A:

B:

기본공식 036

That's why I want to go there

그게 바로 내가 거기 가고 싶어하는 이유야

 만년초보 탈출하기

That is~ 다음에 why로 시작하는 다양한 명사절을 넣어봅시다.

「그게 바로 내가 거기 가고 싶어하는 이유야」, 「그래서 내가 거기 가고 싶어하는거야」라는 의미입니다. 주어인 That이 바로 「이유」가 되므로 why 다음에는 그 이유에 따른 '결과'가 나옵니다.

영어로 직접 말해보고 써보기

1. 그게 바로 우리가 여기 온 이유야.
   That's why we're here.
   ▶

2. 그래서 걔가 늘 그토록 피곤한거야.
   That's why he's so tired all the time.
   ▶

3. 그래서 다들 크리스를 좋아하는거야.
   That's why everybody loves Chris.
   ▶

내 입에서 영어가 나올 줄이야!

A: I can't clean up this place alone.
B: **That's why** we're here. We'll help you.

    A: 나 혼자서는 여기 못 치워.
    B: 그래서 우리가 왔잖아. 우리가 도와줄게.

A:

B:

A: There are a lot of cute girls in the gym.
B: **That's why** I want to go there every day.

    A: 그 헬스클럽에는 예쁜 여자애들이 많아.
    B: 그래서 내가 매일 거기 가고 싶어하는거잖아.

A:

B:

That's because I don't have enough money

그건 내가 돈이 충분치 않기 때문이야

만년초보 탈출하기

That is because~ 로 이유를 말하는 표현을 만들어 봅시다.
「그건 내가 돈이 충분치 않기 때문이야」라는 말이에요. That's why~와 반대로 That이 '결과가 되는 행동'이고 because 다음에는 '이유'가 나옵니다.

영어로 직접 말해보고 써보기

1. 난 걔가 오기를 바라지 않기 때문이야.
   That's because I don't want her to come.
   ▶

2. 그 사람이 일을 잘 했으니까 그렇지.
   That's because he did a great job.
   ▶

3. 그 여자는 지금 바쁘니까 그렇지.
   That's because she is busy right now.
   ▶

내 입에서 영어가 나올 줄이야!

A: You didn't invite Andrea to lunch.

B: That's because I don't want her to come.

    A: 앤드리아를 점심에 초대하지 않았네.

    B: 그야 난 걔가 안왔으면 하니까.

A: _____

B: _____

A: You never fixed the broken window in your car.

B: That's because I don't have enough money.

    A: 차에 깨진 유리창을 안바꿨네.

    B: 그야 그럴 돈이 없으니까.

A: _____

B: _____

기본공식 038

That sounds great

괜찮겠는걸

 만년초보 탈출하기

That sounds~ 다음에 다양한 형용사를 넣어봅시다.
「괜찮겠는걸」, 「괜찮은 소리로 들리네」라는 말이죠. That sounds 혹은 Sounds 뒤에 「형용사」를 써서 내 느낌·내 생각을 말할 수 있습니다.

 영어로 직접 말해보고 써보기

1. 내 생각엔 괜찮은 것 같아.
   That sounds good to me.
   ▶
   ....

2. 그거 흥미로운데.
   That sounds interesting.
   ▶
   ....

3. 이상한 것 같은데.
   That sounds weird.
   ▶
   ....

내 입에서 영어가 나올 줄이야!

A: Let's celebrate our anniversary at a nice restaurant.
B: **That sounds** lovely. Where shall we go?

> A: 우리 결혼기념일은 근사한 레스토랑에서 지내자.
> B: 그거 멋지겠다. 어딜 가지?

A:

B:

A: Do you want to go to a seminar at my university?
B: **That sounds** a little boring.

> A: 우리 학교에서 열리는 세미나에 갈래?
> B: 좀 지루하겠는걸.

A:

B:

기본공식 039

That sounds like a good idea

좋은 생각 같은데

 만년초보 탈출하기

That sounds~ 다음에 다양한 like+명사를 넣어봅시다.
「좋은 생각 같은데」라는 말이죠. That sounds 다음에 like를 추가하여 'That sounds like +명사' 형태로 씁니다. 의미는 That sounds~와 같지만 형태가 약간 틀린 것뿐이에요. '주어+동사'로된 명사절도 명사의 범주에 포함된다는 것, 잊지는 않았겠죠?

영어로 직접 말해보고 써보기

1. 내 생각엔 좋은 생각이 아닌 것 같아.
   That sounds like a bad idea to me.
   ▶

2. 문제가 있어 보이는데.
   That sounds like a problem.
   ▶

3. 굉장히 재미있겠다.
   That sounds like a lot of fun.
   ▶

내 입에서 영어가 나올 줄이야!

A: I'm going to let him borrow two hundred dollars.
B: **That sounds like** a bad idea to me.

> A: 걔한테 200달러 빌려주려고 해.
> B: 내가 보기엔 별로 좋은 생각 같지 않은데.

A:

B:

A: William invited us to his party tonight.
B: **That sounds like** a lot of fun.

> A: 윌리엄이 오늘 밤 자기가 여는 파티에 우릴 초대했어.
> B: 진짜 재미있겠는걸.

A:

B:

기본공식 040

It's okay with me

난 괜찮아

 만년초보 탈출하기

It is~ 다음에 다양한 형용사나 과거분사를 넣어봅시다.

「난 괜찮아」라는 말로, It's all right이라고 해도 같은 의미예요. It's 다음에 「형용사」 또는 「과거분사」가 오는 경우입니다. 사물의 외양·성질을 나타낼 때, 그리고 어떤 행동이나 사건, 상대의 말을 언급할 때 쓰이죠.

 영어로 직접 말해보고 써보기

1. 나한테는 꽤 힘들어.
   It's so hard for me.
   ▶ _____

2. 좀 복잡해.
   It's a little complicated.
   ▶ _____

3. 고마워[넌 정말 친절하구나].
   It's very kind of you.
   ▶ _____

내 입에서 영어가 나올 줄이야!

A: Can I give you a lift home in my car?
B: Thanks. It's very kind of you.

   A: 내 차로 집까지 태워다줄까?
   B: 고마워. 정말 친절하구나.

A:

B:

A: Do you have headphones?
B: Yes, but you can't use them. They're broken.

   A: 너 헤드폰 있니?
   B: 응, 그런데 사용 못해. 망가졌어.

A:

B:

기본공식 041

It's your turn

네 차례야

 만년초보 탈출하기

It is~ 다음에 다양한 명사를 넣어봅시다.
turn에는 「차례」라는 뜻이 있어서, 위 문장은 「네 차례야」라는 말이 됩니다.
It's 다음에 「명사」가 오는 경우를 알아봅니다.

 영어로 직접 말해보고 써보기

1. 나하고 같네.
   It's the same with me.
   ▶

2. 지금 새벽 세시라구!
   It's 3:00 in the morning!
   ▶

3. 네 잘못이 아냐.
   It's not your fault.
   ▶

내 입에서 영어가 나올 줄이야!

A: My boss gives me too much work.

B: It's the same with me. I'm always stressed.

> A: 우리 사장님은 일을 너무 많이 시키셔.
>
> B: 나하고 같네. 항상 스트레스를 받지.

A:

B:

A: I just called to talk to you.

B: It's 3:00 in the morning. Go to sleep.

> A: 너하고 얘기하려고 전화했어.
>
> B: 새벽 세시야. 좀 자라.

A:

B:

기본공식 042

It's next to the coffee shop

그건 커피숍 옆에 있어요

 만년초보 탈출하기

It is~ 다음에 다양한 전치사구를 넣어봅시다.

「그건 커피숍 옆에 있어요」라는 의미입니다. next to는 「…옆에」라는 뜻이죠. It's 다음에 여러 가지 '전치사구'도 올 수 있는데요, 주로 위치를 말할 때 많이 쓰여요.

영어로 직접 말해보고 써보기

1. 바로 골목어귀에 있어[가까워].
   It's just around the corner.
   ▶

2. 바로 저기야.
   It's right over there.
   ▶

3. 너한테 달린 일이야.
   It's up to you.
   ▶

내 입에서 영어가 나올 줄이야!

A: Where is the post office?
B: It's just around the corner.

   A: 우체국이 어디 있나요?
   B: 길 모퉁이에 있어요.

A:

B:

A: Would you like me to visit you?
B: It's up to you. Do you have time?

   A: 내가 너 있는데로 갈까?
   B: 그야 네 맘이지. 시간은 있어?

A:

B:

기본공식 043

It's easy to get there
거기에 도착하는 건 쉬워

 만년초보 탈출하기

It is+형용사~다음에 다양한 to부정사를 붙여봅시다.

「거기에 도착하는 건(to get there) 쉬워」라는 말입니다. It is 뒤에 '형용사+to부정사'의 형태가 나온 경우예요. It이 실제적으로는 to~ 이하를 가리키는 역할을 하는거죠. 또한 to~ 이하의 행동을 하는 주체, 즉 의미상의 주어를 나타내 주려면 to부정사 앞에 'for+사람'을 붙입니다.

영어로 직접 말해보고 써보기

1. 야채를 먹는게 너한테 좋아.
   It's good for you **to** eat some vegetables.
   ▶ ....

2. 너무 늦게까지 안자고 있는 건 좋지 않아.
   It's not good for you **to** stay up too late.
   ▶ ....

3. 몸무게를 줄이기가 굉장히 어려워.
   It's hard to lose weight.
   ▶ ....

내 입에서 영어가 나올 줄이야!

A: I don't like the taste of lettuce.

B: It's good for you to eat some vegetables.

> A: 상추 맛이 싫어.
>
> B: 야채를 먹는게 네 몸에 좋아.

A:

B:

A: God, I feel so tired today.

B: It's not good for you to stay up too late.

> A: 어휴, 오늘 정말 피곤하다.
>
> B: 너무 늦게까지 일어나 있는 건 너한테 안좋아.

A:

B:

It's not my fault that I'm late

늦은 건 내 잘못이 아냐

만년초보 탈출하기

It is+형용사/명사 다음에 다양한 that절을 넣어봅시다.

「늦은 건 내 잘못이 아냐」라는 말로, 진주어로 that절이 오는 경우입니다. It is 다음에는 fault나 important와 같은 명사나 형용사가 나올 수 있습니다.

영어로 직접 말해보고 써보기

1. 걘 뭔가 알고 있는게 틀림없어.
   It's obvious that he knows something.
   ▶

2. 뭔가를 해야만 한다는 건 분명해.
   It's clear that we have to do something.
   ▶

3. 네 상사를 믿는다는게 중요해.
   It's important that you trust your boss.
   ▶

내 입에서 영어가 나올 줄이야!

A: You are late for class.

B: It's not my fault I'm late. The bus broke down.

A: 수업에 늦었구나.
B: 지각한 건 제 잘못이 아니에요. 버스가 고장났었다구요.

A:

B:

A: It's obvious that he knows something.

B: What makes you think so?

A: 걔가 뭔가 알고 있는게 틀림없어.
B: 어째서 그렇게 생각해?

A:

B:

기본공식 045

Is it true?
그거 정말이야?

 만년초보 탈출하기

Is it~ 다음에 다양한 형용사, 명사, 전치사구를 넣어봅시다.
「그거 정말이야?」라는 말입니다. Is it~ 뒤에 형용사나 명사 그리고 전치사구 등을 다양하게 바꾸어가면서 원하는 정보를 얻어보세요.

 영어로 직접 말해보고 써보기

1. 여기서 멀어?
   Is it far from here?
   ▶

2. 벌써 걔 생일이니?
   Is it his birthday already?
   ▶

3. 그거 저기 있어?
   Is it over there?
   ▶

내 입에서 영어가 나올 줄이야!

A: **A great new shopping center just opened.**
B: **Really? Is it far from here?**

   A: 근사한 새 쇼핑몰이 영업을 시작했어.
   B: 정말? 여기서 머니?

A:

B:

A: **Let's go to the student's concert.**
B: **Is it free or do we have to buy tickets?**

   A: 학생들이 여는 콘서트에 가자.
   B: 공짜니, 아니면 티켓을 사야 하니?

A:

B:

기본공식 046

Is it too early to check in?

체크인하기엔 너무 이른가요?

 만년초보 탈출하기

Is it+형용사 다음에 다양한 to부정사를 붙여봅시다.

「체크인하기엔 너무 이른가요?」라는 말입니다. Is it +형용사 뒤에 to부정사가 진주어로 오는 경우입니다. necessary, hard 등 많이 사용되는 형용사 몇 개를 중심으로 to부정사를 다양하게 바꾸어 문장을 만들어보는 연습을 해보세요.

영어로 직접 말해보고 써보기

1. 프랑스어 문법 배우는게 어렵니?
   Is it hard to learn French grammar?
   ▶ ....

2. 걔들을 꼭 오늘 찾아가야 하니?
   Is it necessary to visit them today?
   ▶ ....

3. 밤에 그 거리를 걸어다니는거 안전하니?
   Is it safe to walk the streets at night?
   ▶ ....

내 입에서 영어가 나올 줄이야!

A: Is it hard to learn Japanese grammar?
B: Yes, but it's easier than Chinese.

    A: 일본어 문법 배우기 어렵니?
    B: 응 어렵지. 하지만 중국어보다는 쉬워.

A:

B:

A: Let's hurry. We'll be on time if we leave now.
B: Is it necessary to visit them today?

    A: 서두르자. 지금 출발하면 제시간에 도착할거야.
    B: 걔들을 꼭 오늘 찾아가야 하니?

A:

B:

기본공식 047

Is it okay to come in?
들어가도 되나요?

 만년초보 탈출하기

Is it okay~ 다음에 다양한 to부정사나 if절을 넣어봅시다.

「들어가도 되나요?」라는 말이죠. 상대방의 의사를 묻거나 가볍게 허락을 구하는 의문문으로 대표적인 Is it+형용사+to+동사원형~?의 문형입니다. okay 대신 all right을 써도 되며 또한 to+동사원형 대신 if+주어+동사를 넣어 말하기도 합니다.

 영어로 직접 말해보고 써보기

1. 내가 여기 앉아도 될까?
   Is it okay for me to sit down here?
   ▶

2. 점심먹고 나서 전화해도 될까요?
   Is it okay if I phone after lunch?
   ▶

3. 이 사과주스 다 마셔도 될까?
   Is it all right if I finish the apple juice?
   ▶

내 입에서 영어가 나올 줄이야!

A: Is it okay to come in?
B: Sure. What's the matter?

   A: 들어가도 될까요?
   B: 그럼요. 무슨 일 있어요?

A:

B:

A: I can't talk. I'm very busy now.
B: Is it okay if I phone after lunch?

   A: 얘기할 수가 없어. 지금 굉장히 바쁘거든.
   B: 점심식사 후에 전화해도 될까?

A:

B:

기본공식 048

It looks good
근사해보이네

 만년초보 탈출하기

It~ 다음에 다양한 일반동사를 넣어봅시다.

「근사해보이네」라는 말입니다. 주어 It 다음에 look, sound, smell처럼 감각동사가 오는 경우에는 뒤에 보어인 형용사(good, sweet, delicious…)를 써주거나 혹은 like+명사(절)을 넣어 말하면 됩니다.

 영어로 직접 말해보고 써보기

1. 그건 중요하지 않아[상관없어].
   It doesn't matter.
   ▶

2. 맛있는 냄새가 나네.
   It smells delicious.
   ▶

3. 비가 올 것 같아.
   It looks like it will rain.
   ▶

내 입에서 영어가 나올 줄이야!

A: Do you like my drawing?
B: It looks good. You should study art.

   A: 내가 그린 그림 맘에 들어?
   B: 멋있다. 미술을 공부해야겠네.

A:

B:

A: It looks like it will rain.
B: It doesn't matter. We'll be inside.

   A: 비가 올 것 같아.
   B: 상관없어. 우린 실내에 있을거니까.

A:

B:

기본공식 049

It takes 1 hour to go there
거기 가는데 1시간 걸려

🎓 **만년초보 탈출하기**

It takes~ 다음에 다양한 시간 명사를 넣어봅시다.

「거기 가는데 1시간 걸려」라는 말입니다. It takes 다음에 '시간'을 나타내는 명사가 와서 「…만큼 걸리다」라는 의미를 나타내죠. 몇분, 몇시간 뿐아니라 며칠, 몇달, 몇 년까지도 올 수 있으며, 'to+동사원형'을 뒤에 붙여 '뭘 하는데' 그만큼의 시간이 걸리는지는 말할 수 있습니다.

 영어로 직접 말해보고 써보기

1. 출근하는데 1시간 정도 걸려.
   It takes about 1 hour to get to work.

   ▸ ....

2. 그것들을 다 검토하는데 한 달 걸려요.
   It takes a month to review them all.

   ▸ ....

3. 걜 잊는데 일년 걸렸어.
   It took a year to get over him.

   ▸ ....

내 입에서 영어가 나올 줄이야!

A: How far do you live from your office?

B: **It takes about 1 hour to** get to work.

    A: 직장에서 얼마나 떨어진 곳에 살아요?

    B: 출근하는데 1시간 정도 걸려요.

A:

B:

A: **It takes at least a week to** finish this type of work.

B: That's too long. Couldn't you finish a little earlier?

    A: 이런 유형의 일을 끝내려면 적어도 일주일은 걸려요.

    B: 일주일은 너무 길어요. 좀 더 일찍 마칠 수는 없나요?

A:

B:

기본공식 050

It takes two men to do this job

이 일을 하는데는 두 명이 필요해

만년초보 탈출하기

It takes~ 다음에 다양한 명사를 넣어봅시다.

「이 일을 하는데는 두 명이 들어」 즉 「두 명이 필요해」라는 말입니다. It takes 다음에는 앞서 말한 것과 같은 '시간명사' 뿐만 아니라 '사람, 노력, 공간 등을 나타내는 명사'가 와서 다양한 문장을 만들 수 있습니다.

영어로 직접 말해보고 써보기

1. 엄청난 노력이 필요해.
   It takes a lot of hard work.
   ▶

2. 그러려면 용기가 필요해.
   It takes courage to do so.
   ▶

3. 파티를 열려면 넓은 장소가 필요해.
   It takes a large place to hold a party.
   ▶

내 입에서 영어가 나올 줄이야!

A: **It takes two men to** do this job.
B: **We'd both better work on it.**

    A: 이 일을 하려면 두 사람이 필요해.
    B: 우리 둘이 하면 되겠네.

A:

B:

A: Those professional athletes are amazing.
B: **It takes a lot of focus to** be good.

    A: 저 프로선수들은 대단해.
    B: 잘하려면 꽤나 집중을 해야 해.

A:

B:

기본공식 051

It seems he's always busy
걘 항상 바쁜 것 같아

 만년초보 탈출하기

It seems~ 다음에 다양한 절을 넣어봅시다.

「걘 항상 바쁜 것 같아」라는 말이죠. It seems (that) ~ 뒤에 「절」이 와서 「…인 것 같아」라는 의미를 나타냅니다. 이때 that은 생략하는 경우가 많죠.

영어로 직접 말해보고 써보기

1. 문제가 있는 것 같군요.
   It seems that you've got a problem.
   ▶

2. 내 생각에 걘 널 사랑하지 않는 것 같아.
   It seems to me she doesn't love you.
   ▶

3. 그걸 전에 어디선가 본 것 같아.
   It seems to me I've seen it before somewhere.
   ▶

내 입에서 영어가 나올 줄이야!

A: **What do you think about our project?**
B: **It seems that you've got a problem.**

    A: 우리 프로젝트에 대해 어떻게 생각해?
    B: 문제가 있는 것 같네요.

A:

B:

A: **Why do you fight so much with your husband?**
B: **It seems that he's always busy.**

    A: 남편하고 왜 그렇게 많이 싸워?
    B: 항상 바쁜 것 같아서.

A:

B:

기본공식 052

It seems like a good idea
좋은 생각인 것 같아

 만년초보 탈출하기

It seems~ 다음에 다양한 like+명사(절)를 넣어봅시다.

「좋은 생각인 것 같아」라는 의미입니다. It seems like+명사(또는 명사절)의 형태로, It seems ~보다 좀더 완곡하게 느껴지는 표현이죠. It seems like 다음에는 '명사'가 오거나 '절'이 와요.

영어로 직접 말해보고 써보기

1. 걘 친구가 많은 것 같아.
   It seems like he has a lot of friends.
   ▶

2. 걔랑 헤어질 때도 된 것 같은데.
   It seems like it's time to break up with her.
   ▶

3. 걔는 항상 늦는 것 같네요.
   It seems like she is always late.
   ▶

내 입에서 영어가 나올 줄이야!

A: It seems like he has a lot of friends.
B: Yes, he's a nice guy.

    A: 걘 친구가 많은 것 같아.
    B: 응, 걘 성격 좋은 녀석이니까.

A:

B:

A: Have you looked at their investment plan?
B: Yeah. It seems like a good idea.

    A: 그쪽의 투자전략은 훑어봤어?
    B: 응. 좋은 생각인 것 같아.

A:

B:

기본공식 053

He seems nervous
걘 신경이 날카로운 것 같아

 만년초보 탈출하기

사람을 주어로 하여 ~ seems+명사[형용사]의 형태를 만들어봅시다.
「걘 신경이 날카로운 것 같아」, 「긴장한 것 같아」라는 말입니다. 앞의 경우와 달리 seem의 주어로 It이 아니라 사람주어가 온 경우이죠. 이때는 seem 뒤에 형용사나 명사 등의 보어가 오게 됩니다.

 영어로 직접 말해보고 써보기

1. 걔들은 이상적인 커플같았는데.
   They seemed an ideal couple.
   ▶ _____

2. 션은 오늘 아침 피곤한 것 같네.
   Sean seems tired this morning.
   ▶ _____

3. 그 여잔 굉장히 똑똑해 보여.
   She seems very smart.
   ▶ _____

내 입에서 영어가 나올 줄이야!

A: **He seems** nervous. What's wrong?
B: He's had a lot of stress lately.

   A: 걔가 신경이 날카로운 것 같은데. 무슨 일 있어?
   B: 요새 스트레스를 많이 받아서 그래.

A:

B:

A : **That guy seems** very foolish.
B : He could be the next president.

   A : 저 친구 매우 어리석어 보여.
   B : 다음 사장이 될 수도 있어.

A:

B:

기본공식 054

Here's something for you

이거 너 줄려고

만년초보 탈출하기

Here is[are]~ 다음에 다양한 명사를 넣어봅시다.

「이거받아, 너 주려는거야」, 「이거 너 줄려고」라는 표현입니다. 'Here is[are]+명사' 의문형이죠. 물건·정보 등을 건네며 「자, 여기 있어」라는 의미로 하는 말이에요. 단수명사의 경우에는 Here "is", 복수명사의 경우에는 Here "are"가 되어야 하죠.

영어로 직접 말해보고 써보기

1. 너한테 좋은 소식 있어.
   Here's good news for you.
   ▶

2. 부탁하신 서류 여기 있어요.
   Here are the papers you asked for.
   ▶

3. 이거 제 명함이에요.
   Here's my business card.
   ▶

내 입에서 영어가 나올 줄이야!

A: I'll give you the money for the tickets.
B: Thank you. Here's your change and receipt.

   A: 티켓 값 드리겠습니다.
   B: 감사합니다. 여기 거스름돈과 영수증이요.

A:

B:

A: Here's my card. Call me at this number.
B: Okay. When is a good time for you to talk?

   A: 제 명함입니다. 이 번호로 전화하세요.
   B: 알겠습니다. 언제가 통화하기 편한 시간인가요?

A:

B:

기본공식 055

Here you are
자 받아

 만년초보 탈출하기

Here+주어+동사 형태의 다양한 관용표현들을 알아봅시다.
「자 받아」, 「여기 있어요」라는 말이죠. 'Here+주어+동사' 의문형이에요.

 영어로 직접 말해보고 써보기

1. 드디어 도착했다. / 자, 여기있어.
Here we are.
▶

2. 시작해볼까. / 자, 여기있어.
Here we go.
▶

3. 걔가 온다.
Here she comes.
▶

내 입에서 영어가 나올 줄이야!

A: Where is your new girlfriend?
B: **Here she comes.** I'll introduce you.

> A: 새로 사귄 여자친구는 어딨어?
> B: 지금 오네. 소개시켜줄게.

A:

B:

A: It's 20 dollars and 50 cents. By cash or credit card?
B: Uh… cash, please. **Here you are.**

> A: 20달러 50센트입니다. 현금으로 내시겠습니까, 카드로 내시겠습니까?
> B: 어, 현금으로요. 여기 있어요.

A:

B:

There's a phone call for you

너한테 전화가 와 있어

만년초보 탈출하기

There is~ 다음에 다양한 단수 명사를 넣어봅시다.

「너한테 전화가 와 있어」라는 말이에요. There is 다음에 단수명사'가 와서 「…이 있다」는 의미를 나타냅니다. furniture(가구)나 advice(충고)와 같이 셀 수 없는 명사도 단수취급 하는거 아시죠?

영어로 직접 말해보고 써보기

1. 길모퉁이에 주유소가 있어요.
   There's a gas station on the corner.
   ▶

2. 거기 가는 길은 딱 하나야.
   There's only one way to get there.
   ▶

3. 무슨 문제라도 있나요?
   Is there any problem?
   ▶

내 입에서 영어가 나올 줄이야!

A: There's a phone call for you.
B: Thank you. I'll take it in my office.

　A: 전화 왔어요.
　B: 고마워요. 내 사무실에서 받을게요.

A:

B:

A: Isn't there a short cut to get home?
B: No, there's only one way to get there.

　A: 집으로 가는 지름길은 없나?
　B: 없어, 가는 길은 딱 하나야.

A:

B:

기본공식 057

There are cute girls at the bar

 바에 예쁜 여자애들이 있어

만년초보 탈출하기

There are~ 다음에 다양한 복수 명사를 넣어봅시다.

「바에 예쁜 여자애들이 있어」라는 말이죠. '복수명사'를 쓰려면 There "are"~ 의 형태로, be동사도 복수형으로 바꿔주세요.

영어로 직접 말해보고 써보기

1. 거기에 대한 이유라면 많아.
   There are a lot of reasons for that.
   ▶ _____

2. 네가 알아야 할 것들이 몇가지 있어.
   There are a few things you should know.
   ▶ _____

3. 가게 안에 좀더 싼게 있나요?
   Are there cheaper ones in the store?
   ▶ _____

내 입에서 영어가 나올 줄이야!

A: There are cute girls at the bar.

B: Let's go over and introduce ourselves.

    A: 바에 예쁜 여자애들이 있어.

    B: 가서 우리 소개를 하자.

A:

B:

A: Why did you change your major at university?

B: There are many reasons for that.

    A: 대학에서 전공을 왜 바꿨어?

    B: 여러 가지 이유가 있어.

A:

B:

기본공식 058

There you are
자 받아

 만년초보 탈출하기

There+주어+동사 형태의 다양한 관용표현들을 알아봅시다.
「자 받아」, 또는 「거봐 내가 뭐랬어」라고 할 때 쓰는 표현입니다. 'There+주어+동사' 역시 앞의 Here+주어+동사와 더불어 일상 생활영어에서 많이 쓰이는 표현으로 잘 외워두세요.

 영어로 직접 말해보고 써보기

1. 자, 받아. / 거봐, 내말이 맞지. / 그래 그렇게 하는거야.
   There you go.
   ▶

2. 또 시작이군.
   There you go again.
   ▶

3. 그래 이거야. / 자, 받아.
   There it is.
   ▶

내 입에서 영어가 나올 줄이야!

A: Where is my notebook?

B: **There it is.** You are too disorganized.

    A: 내 노트북 어디 있지?

    B: 자 받아. 넌 너무 정리를 안하는구나.

A:

B:

A: These are the books you requested. **There you go.**

B: Thank you for your help.

    A: 요청하신 책들입니다. 자 받으세요.

    B: 도와주셔서 감사합니다.

A:

B:

기본공식 059

Thanks a lot
정말 고마워

 만년초보 탈출하기

Thank you와 관련된 여러 가지 표현들을 알아봅시다.
Thanks는 Thank you보다 좀더 친근한 느낌을 주죠. 또한 '그냥' 고마운 게 아니라 '정말' 고맙다고 강조하려면 뒤에 부사를 붙여요. Thanks a lot, Thank you so much 등이 가장 일반적인 형태입니다.

영어로 직접 말해보고 써보기

1. 정말 고마워요.
   Thank you so much.
   ▶

2. 감사합니다.
   I appreciate that.
   ▶

3. 뭐라고 감사해야 할지 모르겠어요.
   I don't know how to thank you.
   ▶

내 입에서 영어가 나올 줄이야!

A: **Here are the papers you requested.**
B: **Thanks so much.**

    A: 요청하신 서류들 여기 있어요.
    B: 정말 고마워요.

A:

B:

A: **I don't know how to thank you.**
B: **Don't worry, I was happy to help.**

    A: 뭐라고 감사드려야 할지 모르겠네요.
    B: 신경쓰지 말아요. 돕게 되어 기뻤어요.

A:

B:

기본공식 060

Thank you for calling

전화해줘서 고마워

 만년초보 탈출하기

Thank you 다음에 다양한 for+명사[~ing]를 넣어봅시다.

「전화해줘서 고마워」라는 의미입니다. 이렇게 뭐가 감사한지를 Thank you 뒤에 for+명사 혹은 for+~ing의 형태로 나타내요. 물론 Thank you 대신 Thanks를 써도 됩니다.

 영어로 직접 말해보고 써보기

1. 도움 감사해요.
   Thank you for your help.
   ▶ _____

2. 태워다 줘서 고마워요.
   Thank you for the ride.
   ▶ _____

3. 이해해줘서 고마워요.
   Thank you for understanding.
   ▶ _____

내 입에서 영어가 나올 줄이야!

A: Thank you for the great meal.

B: I'm glad you enjoyed it.

> A: 맛있는 식사, 고마워요.
>
> B: 맛있게 드셨다니 기뻐요.

A:

B:

A: Thank you for the ride.

B: You're welcome, I was going this way anyway.

> A: 태워다 줘서 고마워요.
>
> B: 천만에요, 어차피 이 길로 갈거였어요.

A:

B:

I appreciate that

감사해요

 만년초보 탈출하기

I appreciate~ 다음에 다양한 명사를 넣어봅시다.
appreciate 역시 고마움을 나타내는 표현인데요, I appreciate+명사의 형태로 「…가 고맙다」는 의미를 나타내죠. 'I would appreciate it if+주어+동사'의 형태로 앞으로의 일에 대해 「…해주시면 고맙겠어요」라는 표현도 할 수 있습니다.

영어로 직접 말해보고 써보기

1. 제안해주신 것 감사합니다.
   I appreciate the suggestion.
   ▶

2. 알려주시면 고맙겠어요.
   I'd appreciate it if you would let me know.
   ▶

3. 도움 감사해요.
   I appreciate your help.
   ▶

내 입에서 영어가 나올 줄이야!

A: Don't worry. I'll get it done for you.

B: **I appreciate** your help.

    A: 걱정마. 널 위해 해낼테니까 말야.

    B: 도와줘서 고마워.

A:

B:

A: Do you want me to give you a ride to the airport?

B: Yes, **I would really appreciate it.**

    A : 내가 공항까지 태워다 줄까?

    B : 그래주면 정말 고맙지.

A:

B:

기본공식 062

Excuse me. Can I talk to you?

실례지만 잠깐 얘기 좀 할까요?

만년초보 탈출하기

Excuse me 다음에 다양한 문장을 이어서 말해봅시다.

「실례지만 잠깐 얘기 좀 할까요?」라는 말이죠. Excuse me는 이처럼 말을 걸기 전에 상대의 주의를 끌고자 할 때, 발을 밟거나 부딪치는 등의 사소한 실례를 범했을 때, 혹은 잠깐 자리를 뜰 때 쓰는 표현입니다.

영어로 직접 말해보고 써보기

1. 미안해요. 발을 밟았네요.
   Excuse me. I stepped on your foot.
   ▶

2. 잠깐 실례해요. 곧 돌아올게요.
   Excuse me for a second. I'll be right back.
   ▶

3. 실례해요. 이 길, 공항가는 길 맞나요?
   Excuse me. Is this the way to the airport?
   ▶

내 입에서 영어가 나올 줄이야!

A: Excuse me for a second. I'll be right back.
B: Take your time.

　A: 잠깐 실례할게. 곧 돌아올거야.
　B: 천천히 갔다 와.

A:

B:

A: Excuse me. Where can I buy stamps?
B: There's a post office around the corner.

　A: 실례지만 우표는 어디서 사야 되죠?
　B: 길모퉁이에 우체국이 있어요.

A:

B:

기본공식 063

Excuse me?
뭐라고 하셨죠?

 만년초보 탈출하기

Excuse me는 「실례합니다」말고도 다음과 같은 의미가 있습니다.
Excuse me?의 끝부분을 올려 의문문의 억양을 띠면 「뭐라고 하셨죠?」, 「실례지만 다시 한번 말해줄래요?」라는 의미랍니다. 이런 경우에 쓸 수 있는 말로는 Excuse me? 외에도 I'm sorry?, I beg your pardon?, Pardon me?, Come again? 등이 있죠.

 영어로 직접 말해보고 써보기

1. 뭐라구요?
   I'm sorry?
   ▶ ....

2. 다시 말씀해주시겠어요?
   I beg your pardon? / Pardon me?
   ▶ ....

3. 뭐라구요?
   Come again?
   ▶ ....

내 입에서 영어가 나올 줄이야!

A: Hey, what are you doing in my office?
B: Excuse me?

   A: 야, 내 사무실에서 뭐하는거야?
   B: 뭐라구?

A:

B:

A: Excuse me?
B: I said, please call me after 6.

   A: 뭐라고 하셨죠?
   B: 6시 이후에 전화해달라고요.

A:

B:

기본공식 064

Please excuse us
잠깐 자리 좀 비켜주세요

 만년초보 탈출하기

excuse가 들어간 다양한 표현들을 알아봅시다.
excuse가 들어간 표현은 Excuse me밖에 없을거라는 편견을 버려요~. excuse 다음에 me가 아니라 us가 나온 위의 표현은 「잠깐 자리 좀 비켜주세요」 혹은 「우리 실례 좀 할게요」란 뜻으로, 여럿이 얘기하다가 무리 중 특정인과 다른 얘기를 나누고자 할 때 혹은 함께 자리를 뜰 때에 사용하는 표현입니다.

영어로 직접 말해보고 써보기

1. 글씨를 못썼는데, 양해해 주세요.
   Please excuse my bad handwriting.
   ▶

2. 영어가 서툴러도 이해해 주세요.
   Please excuse my broken English.
   ▶

3. 리사가 결석하게 되어 죄송합니다. (학부모가 학교측에)
   Please excuse Lisa **for** being absent.
   ▶

내 입에서 영어가 나올 줄이야!

A: I'm sorry, I can't understand what you said.

B: **Please excuse** my broken English.

> A: 미안하지만 무슨 말인지 모르겠어.
> B: 영어가 서툴러서 그러는데 이해해 줘.

A:

B:

A: **Please excuse us** for a moment.

B: Of course. You can call me if you're ready.

> A: 잠깐 자리 좀 비켜주세요.
> B: 그러죠. 준비가 되면 부르세요.

A:

B:

Have a nice day!

오늘도 좋은 하루되라!

 만년초보 탈출하기

Have a nice~ 다음에 다양한 명사를 넣어봅시다.
앞에 주어 You가 생략된 명령문의 형태로, 「좋은 하루를 가져라」, 즉 「오늘도 좋은 하루가 되라」고 기원해주는 인사말입니다.

 영어로 직접 말해보고 써보기

1. 휴가 즐겁게 보내.
   Have a nice vacation.
   ▶ ....

2. 즐거운 여행 되기를.
   Have a nice trip.
   ▶ ....

3. 즐거운 주말 보내.
   Have a nice weekend.
   ▶ ....

내 입에서 영어가 나올 줄이야!

A: I'm flying to L.A. next Saturday.

B: That sounds exciting. Have a nice trip.

   A: 나 다음 주 토요일에 비행기 타고 LA에 가.

   B: 신나겠구나. 즐거운 여행 되길 바래.

A:

B:

A: Have a nice vacation.

B: Thanks. I'm planning to spend a lot of time on the beach.

   A: 휴가 즐겁게 보내.

   B: 고마워. 해변에서 실컷 있으려고 해.

A:

B:

기본공식 066

See you later

나중에 봐

 만년초보 탈출하기

See you~ 다음에 다양한 부사 또는 부사구를 넣어봅시다.

「나중에(later) 또봐」라는 인사입니다. See you 다음에는 이렇게 later처럼 시간을 나타내는 부사나 '전치사+시간, 요일, 날짜'로 이루어진 부사구를 붙여 「…에 또 보자」고 인사할 수 있어요.

 영어로 직접 말해보고 써보기

1. 다음 주 금요일에 봅시다.
   See you next Friday.
   ▶ ....

2. 그럼 7시에 보자.
   See you at 7.
   ▶ ....

3. 그럼 그때 보자.
   See you then.
   ▶ ....

내 입에서 영어가 나올 줄이야!

A: I'm finished. See you on Monday.
B: Thanks, Tracey. Have a great weekend.

   A: 제 일은 끝났어요. 월요일날 봬요.
   B: 수고했어요, 트레이시. 즐거운 주말 보내요.

A:

B:

A: I enjoyed having dinner with you.
B: Let's do it again sometime. See you soon.

   A: 함께 저녁 먹어서 즐거웠어.
   B: 언제 또 식사 같이 하자구. 곧 또 봐.

A:

B:

기본공식 067

Good luck!
행운을 빌어!

 만년초보 탈출하기

Good+명사 형태의 다양한 인사말을 알아봅시다.

「행운을 빌어!」라는 의미죠. 영어공부의 시작이라 할 수 있는 인사말 Good morning이나 Good afternoon 역시 이와 같은 Good+명사의 형태예요. Good+명사 형태는 아니지만 「잘됐다!」란 의미의 Good for you!도 덤으로 알아두세요.

 영어로 직접 말해보고 써보기

1. (일 등을) 잘했어!
   Good job!
   ▶ ....

2. 발표회 아주 좋았어!
   Good presentation!
   ▶ ....

3. 좋은 지적이야![바로 그거야!]
   Good point!
   ▶ ....

내 입에서 영어가 나올 줄이야!

A: How about taking a walk after work?
B: **Good idea.** I need some fresh air.

> A: 퇴근 후에 산보하는게 어때?
> B: 좋은 생각이야. 신선한 공기를 좀 마셔야 돼.

A:

B:

A: I got the highest grade on the exam.
B: **Good for** you!

> A: 시험에서 제일 높은 점수를 받았어.
> B: 잘됐네!

A:

B:

Happy anniversary!
결혼기념일 축하해요!

만년초보 탈출하기

Happy~ 다음에 다양한 특별한 날을 넣어 말해봅시다.

「결혼 기념일 축하해」라는 말이죠. Happy 다음에 여러 가지 특별한 날을 집어넣어서 축하인사를 만들 수 있어요. Happy Chusok!처럼요. 참, 그런데 Christmas는 Happy보다는 Merry와 함께 쓰인다는거 아시죠?

영어로 직접 말해보고 써보기

1. 행복한 발렌타인 데이 되세요!
   Happy Valentine's Day!
   ▶ _____

2. 추수감사절 축하해요!
   Happy Thanksgiving!
   ▶ _____

3. 결혼기념일 축하해요!
   Happy anniversary!
   ▶ _____

내 입에서 영어가 나올 줄이야!

A: Happy New Year!
B: Let's hope we all have a wonderful year.

   A: 행복한 새해 되길!
   B: 우리 모두 멋진 한 해 되길 바래.

A:

B:

A: Why did you buy me this gift?
B: Happy anniversary. Did you forget?

   A: 왜 선물은 사주고 그래?
   B: 결혼기념일 축하해. 잊었어?

A:

B:

기본공식 069

Congrats on your wedding!
결혼을 축하해!

 만년초보 탈출하기

Congratulations on~ 다음에 기념할 만한 일을 넣어 말해봅시다.
「결혼을 축하해!」라는 말이 되겠네요. 이처럼 Congratulations on 다음에 기념할 만한 일을 구체적으로 언급할 수 있답니다. 물론 Congratulations!만으로도 훌륭한 축하인사인데요, 항상 복수의 형태로 끝에 -s가 붙는다는거, 잊지 마세요! 그리고 위에서처럼 줄여서 Congrats on~으로 쓰인다는 것도 알아두세요.

영어로 직접 말해보고 써보기

1. 승진 축하해!

   Congratulations on your promotion!

   ▶ ....

2. 아기 가진 것[낳은 것] 축하해!

   Congratulations on having a baby!

   ▶ ....

3. 시험에 합격한 것 축하해!

   Congrats on passing your exam!

   ▶ ....

내 입에서 영어가 나올 줄이야!

A: Congratulations on your graduation!
B: I'm so happy to be finished with school.

　A: 졸업 축하해!
　B: 학교 과정이 다 끝나서 너무 기뻐.

A:
....

B:
....

A: They made me a vice president of the company.
B: Congratulations on your promotion!

　A: 회사에서 내게 부사장 직을 맡겼어.
　B: 승진 축하해!

A:
....

B:
....

기본공식 070

No problem
별거아냐

 만년초보 탈출하기

No~ 다음에 다양한 명사를 넣어봅시다.
도와줘서 고맙다든가 하는 인사를 들었을 때 「별거아냐」라고 하는 답변이죠. 이렇게 No 다음에 여러가지 '명사'가 들어간 간단한 표현들을 알아보기로 하죠.

 영어로 직접 말해보고 써보기

1. 의심할 여지도 없지.[물론이지.]
   No doubt.
   ▶

2. 농담 아냐.[농담하지마.]
   No kidding.
   ▶

3. 말도 안돼.[절대 안돼.]
   No way.
   ▶

내 입에서 영어가 나올 줄이야!

A: Brian failed math class.

B: **No** wonder. He was absent most of the time.

> A: 브라이언이 수학 과목 낙제했어.
>
> B: 놀랄 것도 없지. 수업시간 대부분을 결석했으니 말야.

A:

B:

A: Dorothy and Lyman are splitting up.

B: **No** kidding. I thought they had a strong marriage.

> A: 도로시하고 라이먼은 갈라설거야.
>
> B: 말도 안돼. 금슬이 좋은 줄 알았는데.

A:

B:

기본공식 071

Not so bad
그렇게 나쁘지 않아

 만년초보 탈출하기

Not~ 다음에 다양한 형용사나 부사를 넣어봅시다.
「그렇게(so) 나쁘지는 않다」는 의미의 말이죠. 이렇게 Not 다음에 형용사나 부사를 넣어서 「…는 아니다」라는 표현을 만들 수 있습니다.

 영어로 직접 말해보고 써보기

1. 그렇게 좋은 건 아냐.
   Not so good.
   ▶

2. 항상 그런 건 아냐.
   Not always.
   ▶

3. 꼭 그런 건 아니고.
   Not exactly.
   ▶

내 입에서 영어가 나올 줄이야!

A: How is your new job?

B: **Not so** bad. I have to work overtime sometimes, but I like the job.

> A: 새 직장은 어때?
> B: 그리 나쁘지 않아. 야근을 해야 할 때도 있지만 일이 마음에 들어.

A:

B:

A: You mean she acts cruel and spoiled?

B: **Not** exactly, but she's not a very kind person.

> A: 그러니까, 걔가 인정머리 없고 버릇없이 군다 이거지?
> B: 꼭 그렇다기 보다는, 별로 상냥한 애는 아니란거지.

A:

B:

Any questions?

질문 있나요?

 만년초보 탈출하기

Any~ 다음에 다양한 명사를 넣어봅시다.
선생님이 수업을 마치고, 혹은 발표자가 발표를 마치고 「질문 있나요?」라고 물어보는 표현입니다. 질문이 한개든 열개든 갯수가 중요한 것이 아니라 '질문이 있는지 없는지' 물어보는 표현이죠. any 다음에는 '셀 수 없는 명사'나 '복수명사'가 온답니다.

 영어로 직접 말해보고 써보기

1. 다른 질문 있나요?
   Any other questions?

   ▶ ....

2. 저한테 메시지 남긴 것 있나요?
   Any messages for me?

   ▶ ....

3. 두통약 있나요?
   Any medicine for headaches?

   ▶ ....

내 입에서 영어가 나올 줄이야!

A: **Any** messages for me?

B: Your lawyer called and he wants you to call back.

    A: 저한테 온 메시지 있나요?

    B: 변호사한테 전화왔었는데 전화해달래요.

A:

B:

A: I hope to enroll in a course this summer.

B: **Any** course in particular?

    A: 올 여름에 한 과목 등록하고 싶어.

    B: 특별히 생각하고 있는 과목이라도 있니?

A:

B:

기본공식 073

Anything else?
그밖에 또 뭐가 있나요?

 만년초보 탈출하기

Anything~ 다음에 다양한 형용사 또는 to부정사를 넣어봅시다.

주문을 받거나 할 때 쓸 수 있는 말로, 「그밖에 또 뭐가 있나요?」, 「다른 것은요?」라는 의미입니다. 제대로 의문문의 형식을 갖춰 말하려면 Is there anything else?라고 해야 하죠. 이처럼 의문문 앞부분의 주어·동사를 생략하고 Anything 뒤에 '형용사나 to+동사원형'을 붙여 끝을 올리면 「…한 것 있어?」라는 의미가 됩니다.

 영어로 직접 말해보고 써보기

1. 뭐 잘못된거라도 있어?
   Anything wrong?
   ▶ _____

2. 뭐 특별한 것 있어?
   Anything special?
   ▶ _____

3. 뭐 할 말이라도 있어?
   Anything to say?
   ▶ _____

내 입에서 영어가 나올 줄이야!

A: Two cheeseburgers and two cokes… Anything else?

B: No thanks. That's all.

    A: 치즈버거 두개에 콜라 두잔… 다른 것은요?

    B: 고맙지만 없어요. 그게 다예요.

A:

B:

A: Anything new?

B: Not much. How about you?

    A: 뭐 새로운 일 있어?

    B: 별로 없어. 너는 어때?

A:

B:

기본공식 074

It's a beautiful day, isn't it?

날씨 좋네, 그렇지?

만년초보 탈출하기

긍정문 뒤에 다양한 부가의문문을 만들어 붙여 봅시다.

「날씨 좋네, 그렇지?」라는 말입니다. 부가의문문을 만들 때 주의할 점은요, ① 주어가 명사라 할지라도 부가의문문에서는 주어를 꼭 '대명사'로 바꿔주어야 해요. ② 본 문장의 주어가 That이나 This여도 부가의문문은 ~, isn't it?이 되는 경우가 많죠. ③ 또, 본 문장에서 일반동사가 나왔다면 부가의문문에서는 do나 does 등의 '조동사'로 바꿔주는 것도 잊지 말기로 해요.

 영어로 직접 말해보고 써보기

1. 신입사원이군요, 그렇죠?
   You're a newcomer, aren't you?
   ▶ ....

2. 걘 크리스를 좋아하지, 그렇지?
   She likes Chris, doesn't she?
   ▶ ....

3. 회의가 10시죠, 그렇죠?
   The meeting is at 10, isn't it?
   ▶ ....

내 입에서 영어가 나올 줄이야!

A: This place is really large and confusing.
B: You're a newcomer, aren't you?

> A: 이곳은 굉장히 넓고 복잡하네요.
> B: 처음 오신 분이군요, 그렇죠?

A:

B:

A: This is a nice party, isn't it?
B: No, I'm not enjoying myself very much.

> A: 근사한 파티네, 그렇지?
> B: 아니, 난 별로 즐겁지 않은걸.

A:

B:

기본공식 075

It's not warm, is it?

따뜻하지 않네요, 그렇죠?

만년초보 탈출하기

부정문 뒤에 다양한 부가의문문을 만들어 붙여 봅시다.

「따뜻하지 않네요, 그렇죠?」라는 의미의 말입니다. 본 문장이 '부정문'일 때는 반대로 '긍정의문문'을 만들어 붙여 주면 돼요. 다른 주의사항은 앞과 동일합니다.

영어로 직접 **말해보고 써보기**

1. 너 걔한테 얘기 안했지, 그렇지?
   You didn't tell her, did you?
   ▶ ....

2. 걘 요리를 못하는구나, 그렇지?
   He can't cook, can he?
   ▶ ....

3. 방이 넓지 않네, 그렇지?
   The room isn't large, is it?
   ▶ ....

내 입에서 영어가 나올 줄이야!

A: I know you want to date Liz.

B: You didn't tell her, did you?

    A: 리즈하고 데이트하고 싶어하는거 알아.

    B: 걔한테 말 안했지, 그렇지?

A:

B:

A: He can't cook, can he?

B: No, but I think he's planning to take us to a nice restaurant.

    A: 걘 요리 못하잖아, 그렇지?

    B: 못하지, 하지만 우릴 근사한 레스토랑에 데려가려고 하는 것 같아.

A:

B:

기본공식 076

That's for her, right?

걜 위한거지, 맞지?

 만년초보 탈출하기

좀 더 단순한 형태의 부가의문문을 살펴봅시다.

「걜 위한거지, 맞지?」 또는 「그거 걔 줄거지, 맞지?」라는 의미입니다. 부가의문문 만들기가 영 괴롭다면, 그냥 어떤 주어, 어떤 동사이건 간에 끝에 ~, right? 이라고 물어보기만 하면 부가의문문처럼 상대의 동의를 구할 수 있죠.

영어로 직접 말해보고 써보기

1. 내일이 네 생일이지, 그렇지?
   Tomorrow is your birthday, right?

    ....

2. 그 여자는 네 상사지, 그렇지?
   She is your boss, right?

    ....

3. 걔가 그런거 아니지, 그렇지?
   He didn't do that, right?

    ....

내 입에서 영어가 나올 줄이야!

A: Tomorrow is your birthday, right?
B: Yes. I'm expecting a big present from you.

   A: 내일 네 생일이지, 그렇지?
   B: 맞아. 너한테 큰 선물 기대하고 있어.

A:

B:

A: I'm really tired of following Jen's orders.
B: She is your boss, right?

   A: 젠의 지시를 따르는거 정말 신물나.
   B: 그 여잔 네 상사지, 그렇지?

A:

B:

기본공식 077

Call a taxi for me, please

택시 좀 불러주세요

만년초보 탈출하기

명령문 앞이나 뒤에 please를 붙여봅시다.
「택시 좀 불러주세요」라는 문장입니다. please를 문장 앞에 붙일 수도 있지요. 그런데 please가 붙어 있다고 해서 마냥 예의바르게 느껴지는 건 아니에요. 정중하게 부탁하려면 Would you~?나 Could you~?를 이용하는 것이 좋죠.

영어로 직접 말해보고 써보기

1. 소금 좀 건네주세요.
   Pass me the salt, **please**.
   ▶ ....

2. 끊지 말고 기다려 주세요.
   Hold the line, **please**.
   ▶ ....

3. 이 가방은 차 트렁크에 넣어주세요.
   Please put this bag in the trunk.
   ▶ ....

내 입에서 영어가 나올 줄이야!

A: Please put this bag in the trunk.
B: There isn't any room for it.

> A: 이 가방을 차 트렁크에 넣어주세요.
> B: 공간이 없는데요.

A: _____

B: _____

A: Pass me the pepper, **please**.
B: Sure. Here it is.

> A: 후추 좀 건네주세요.
> B: 그러죠. 여기 있어요.

A: _____

B: _____

기본공식 078

This one, please
이걸로 주세요

 만년초보 탈출하기

명사 뒤에 please를 붙여봅시다.

「이걸로 주세요」라는 뜻입니다. 이렇게 '명사+please'만으로도 「…을 주세요」라는 의사표현을 할 수 있어요. 단, '명사+please'는 동사의 경우에서와 달리, 순서를 바꿔 'Please+명사'의 형태로는 잘 쓰이지 않습니다.

 영어로 직접 말해보고 써보기

1. 머스타드 소스만 조금 발라주세요.
   Just some mustard, please.
   ▶ _____

2. 양파는 빼주세요.
   No onions, please.
   ▶ _____

3. 잠시만요.
   One moment, please.
   ▶ _____

내 입에서 영어가 나올 줄이야!

A: What would you like me to put on your hotdog?

B: Just some ketchup, please.

    A: 핫도그에 뭘 발라드릴까요?

    B: 케찹만 조금 발라주세요.

A:

B:

A: I'd like a Big Mac to go. No onions, please.

B: All right. Just one moment, please.

    A: 빅맥 하나 포장해주세요. 양파는 빼고요.

    B: 알겠습니다. 잠시만요.

A:

B:

기본공식 079

You know, he doesn't like you
저말이야, 걘 널 좋아하지 않아

만년초보 탈출하기

말을 꺼낼 때 쓰는 여러가지 표현들을 알아봅시다.

「있잖아, 걘 널 좋아하지 않아」라는 말이죠. you know는 그냥 「있잖아」, 「저기」 정도의 의미죠. 아래 표현들은 모두 you know처럼 별 의미없이 쓰는 말들입니다. 참고로 화제를 바꿀 때 쓰는 말인 by the way(근데 말야)도 알아두세요.

영어로 직접 말해보고 써보기

1. 저기, 결정 못하겠어.
   Look, I can't decide.
   ▶ ....

2. 있잖아, 너 저 여자애랑 친해?
   Listen, do you know that girl?
   ▶ ....

3. 그런데 말야, 지금 몇시지?
   By the way, what time is it now?
   ▶ ....

> 내 입에서 영어가 나올 줄이야!

A: You know, they are going to get married soon.

B: Really? On what day?

  A: 있잖아, 걔네들은 곧 결혼할거야.

  B: 정말? 며칠에?

A:

B:

A: Where would you like to eat lunch?

B: Look, I can't decide. There are too many choices.

  A: 점심 어디서 먹을래요?

  B: 어, 결정 못하겠어요. 선택의 여지가 너무 많아요.

A:

B:

기본공식 080

What a wonderful world!
얼마나 멋진 세상인지!

 만년초보 탈출하기

What a~ 다음에 다양한 명사를 넣어봅시다.

「얼마나 멋진 세상인지!」라는 감탄문이죠. 이처럼 What a~ 다음에 '명사'가 와서 감탄문을 만드는데, 그 명사에 대한 수식어, 즉 형용사가 따라붙는 경우도 많답니다.

영어로 직접 말해보고 써보기

1. 놀랍기도 하지!
   What a surprise!
   ▶

2. 꽃들이 참 예쁘기도 해라!
   What lovely flowers!
   ▶

3. 돈만 낭비했구만!
   What a waste of money!
   ▶

내 입에서 영어가 나올 줄이야!

A: Look at this. It's a picture of my girlfriend.

B: What a pretty girl!

    A: 이것 좀 봐. 내 여자친구 사진이야.

    B: 세상에, 정말 예쁘다!

A:

B:

A: What beautiful weather!

B: Yeah, I always love it when spring weather arrives.

    A: 날씨 참 좋다!

    B: 그러게, 난 늘 봄날씨가 되면 너무 좋더라.

A:

B:

기본공식 081

How rude!

정말 무례하네!

 만년초보 탈출하기

How 다음에 다양한 형용사를 넣어봅시다.
How 역시 How nice! 처럼 How+형용사! 형태로 쓰이며 What a~!의 경우와 마찬가지로 뒤에 역시 「주어+동사」를 붙일 수도 있다.

 영어로 직접 **말해보고 써보기**

1. 정말 흥미롭네!
   How interesting!
   ▶ _____

2. 네가 얼마나 친절한지!
   How kind you are!
   ▶ _____

3. 이곳이 얼마나 멋진지!
   How wonderful this place is!
   ▶ _____

내 입에서 영어가 나올 줄이야!

A: Did you see Jim's new house?

B: Yes, how big it is!

 A: 짐이 새로 구입한 집 봤어?

 B: 어, 정말 크더라고!

A:

B:

A: Look at that sunset.

B: Wow! How beautiful it is!

 A: 지는 석양을 봐봐.

 B: 와! 정말 아름답다!

A:

B:

기본공식 082

Unbelievable!
믿을 수 없구만![놀라워!]

 만년초보 탈출하기

다양한 형용사와 부사를 이용해 감탄의 표현을 만들어봅시다.
「믿을 수 없을 정도로 놀랍다!」라는 말이죠. 그냥 밋밋하게 읽듯이 말하지 말고 눈도 좀 동그랗게 뜨면서 말해볼까요? 다른 「형용사, 부사」들도 목소리 연기, 표정 연기 등을 동원해서 말해봐요. 훌륭한 감탄 표현이 된답니다.

 영어로 직접 말해보고 써보기

1. 근사하군!
   Cool!
   ▶

2. 맛있는걸!
   Delicious!
   ▶

3. 그렇고 말고!
   Absolutely!
   ▶

내 입에서 영어가 나올 줄이야!

A: This is my new sports car.
B: Cool! How much did it cost?

   A: 이거 새로 산 내 스포츠카야.

   B: 멋지다! 얼마 들었어?

A:

B:

A: Would you like a job at my company?
B: Absolutely! When can I start work?

   A: 우리 회사에서 일할래요?

   B: 물론이죠! 언제부터 일하면 되죠?

A:

B:

기본공식 083

Yes, please
네, 그렇게 해주세요

 만년초보 탈출하기

Yes~ 다음에 간단한 단어를 덧붙여 봅시다.
「네, 그렇게 해주세요」라는 의미죠. 상대가 뭔가를 해주겠다고 제안했을 때 할 수 있는 긍정적인 대답입니다. Yes 다음에 다른 내용은 모두 생략하고 please만 붙인 형태네요. Yes 다음에 다른 간단한 단어들도 덧붙여 봅시다.

 영어로 직접 말해보고 써보기

1. 응, 고마워.
   Yes, thank you.
   ▶

2. 응, 그러고 싶어.
   Yes, I'd like to.
   ▶

3. 응, 그런 것 같아.
   Yes, I think so.
   ▶

> **내 입에서 영어가 나올 줄이야!**

A: Did you enjoy your stay at our hotel?
B: Yes, thank you. It was great.

    A: 저희 호텔에서 즐겁게 묵으셨습니까?
    B: 네, 감사합니다. 좋았어요.

A:

B:

A: Come and visit us in Hawaii sometime.
B: Yes, I'd like to do that.

    A: 언제 한번 하와이로 우릴 찾아와요.
    B: 네, 그러고 싶어요.

A:

B:

기본공식 084

No, not really
아뇨, 실은 그렇지가 않아요

 만년초보 탈출하기

No~ 다음에 간단한 단어를 덧붙여 봅시다.

「아뇨, 실은 그렇지가 않아요」라는 의미입니다. 다른 사람의 제안을 거절하거나 상대방의 정보에 이의를 제기할 때 No 다음에 한마디 덧붙여 쓰면 훨씬 성실한(?) 답변이 될 수 있습니다.

 영어로 직접 말해보고 써보기

1. 아니, 아직.
   No, not yet.
   ▶

2. 아니, 특별한 건 아무것도 없어.
   No, nothing special.
   ▶

3. 고맙지만 됐어.
   Thanks, but no.
   ▶

내 입에서 영어가 나올 줄이야!

A: **Do you have time to have dinner?**

B: **No, not really. I must be going now.**

    A: 저녁 먹을 시간 있어요?

    B: 아뇨, 실은 없어요. 지금 가봐야 해요.

A:

B:

A: **Are you married?**

B: **No, not yet. I may get married in a few years.**

    A: 결혼하셨어요?

    B: 아뇨, 아직요. 몇년 후엔 하겠죠.

A:

B:

기본공식 085

Be careful
조심해

 만년초보 탈출하기

Be~ 다음에 다양한 형용사를 넣어봅시다.

「조심해」라는 말입니다. careful은 「조심성 있는」이라는 의미의 형용사죠. Be~로 시작하는 명령문은 이렇게 'Be+형용사'의 형태인 경우가 가장 일반적이죠.

영어로 직접 말해보고 써보기

1. 조용히 해.
   Be quiet.
   ▶

2. 친구들하고 사이좋게 지내.
   Be good to your friends.
   ▶

3. 나한테 좀 솔직해 봐.
   Be honest with me.
   ▶

내 입에서 영어가 나올 줄이야!

A: It's Friday the thirteenth. **Be** careful.

B: Are you serious? I didn't know you were superstitious.

> A: 오늘 13일의 금요일이야. 조심해.
>
> B: 진심이야? 네가 미신을 믿는 줄은 몰랐는걸.

A:

B:

A: Honey! I'm home.

B: **Be** quiet. Amy has just fallen asleep.

> A: 여보! 나 왔어.
>
> B: 조용히 해요. 에이미가 지금 막 잠들었다구요.

A:

B:

기본공식 086

Be sure to lock the door
문 꼭 잠가야 해

 만년초보 탈출하기

Be sure to~ 다음에 동사를 넣어봅시다.
「문 꼭 잠가야 해」라는 의미죠. sure는 「틀림없는」, 「반드시…하는」이라는 의미의 형용사구요. 위 문장은 'Be+형용사(sure)'의 구조인데 뒤에 무엇을 sure 해야 하는지 to부정사의 형태로 설명하고 있어요.

 영어로 직접 말해보고 써보기

1. 반드시 걔한테 전화해 줘.
   Be sure to call him back.

   ....

2. 내가 들렸다고 걔한테 꼭 말해줘.
   Be sure to tell him I came by.

   ▶
   ....

3. 오늘까지 이 일 끝마치라고.
   Be sure to get this work done by today.

   ▶
   ....

내 입에서 영어가 나올 줄이야!

A: I'm going to drive to Seattle tonight.
B: Be sure to drive carefully.

    A: 오늘 밤 차로 시애틀에 갈거야.
    B: 운전 조심하고.

A:

B:

A: Be sure to call him back.
B: Don't worry. I will.

    A: 반드시 걔한테 전화해 줘.
    B: 염려마. 그렇게 할게.

A:

B:

기본공식 087

Be a good boy
착하게 행동해

만년초보 탈출하기

Be~ 다음에 명사 또는 전치사구를 넣어봅시다.

부모가 자녀에게 「착한 아이가 되어야지」하고 타이르는 말입니다. 여자아이에게는 boy 대신 girl을 쓰죠. 'be동사+명사'의 형태는 주로 주어의 지위나 자격 등을 나타내기 때문에 명령문으로 만들어 쓰는 경우가 그리 다양하지는 않습니다. 위 표현이 대표적인 'Be+명사'형태의 명령문이죠. 그밖에, Be동사 뒤에는 전치사+명사로 이루어진 '전치사구' 역시 올 수 있습니다.

영어로 직접 **말해보고 써보기**

1. 남자답게 굴어.
   Be a man.
   ▶ ....

2. 집에 있어.
   Be at home.
   ▶ ....

3. 제일 먼저 아는 사람이 되세요. (광고문구 등에서)
   Be the first to know.
   ▶ ....

> **내 입에서 영어가 나올 줄이야!**

A: You should get a job and make some money. Be an adult.
B: I will. Trust me.

> A: 너도 취직해서 돈을 벌어야지. 좀 어른스러워져라.
> B: 그럴게요. 믿으세요.

A:

B:

A: Be a man and take responsibility for your family.
B: What do you mean specifically?

> A: 남자답게 가족에 대해서 책임감을 가져.
> B: 구체적으로 어떤 걸 말하는거야?

A:

B:

기본공식 088

Go straight down the street
이 길로 곧장 가요

 만년초보 탈출하기

Go~ 다음에 다양한 부사 또는 전치사구를 넣어봅시다.
「이 길로(down the street) 곧장 가요」라는 의미죠. straight는 「일직선으로」, 「곧장」이라는 의미의 부사입니다. Go 뒤에 straight와 같은 「부사」가 오거나 through+장소 등의 「전치사구」가 와서 길을 가르쳐주는 다양한 표현들을 만들 수 있어요.

 영어로 직접 말해보고 써보기

1. 이 길로 곧장 2블럭을 가세요.
   Go straight for 2 blocks.
   ▶ ....

2. 이 계단을 올라가세요.
   Go up the stairs.
   ▶ ....

3. 쇼핑센터를 통과해서 가세요.
   Go through the shopping center.
   ▶ ....

내 입에서 영어가 나올 줄이야!

A: **Where can I get the train to Seattle?**
B: **Go down the stairs to platform 5.**

 A: 시애틀로 가는 기차는 어디서 타요?
 B: 계단을 내려가서 5번 승강장으로 가세요.

A:
B:

A: **Is there a toilet around here?**
B: **Go through the shopping center. You'll find one.**

 A: 이 근처에 화장실 있어요?
 B: 쇼핑센터를 통과해서 가시면 하나 보일거예요.

A:
B:

기본공식 089

Go to see her

가서 걔 만나봐

 만년초보 탈출하기

Go~ 다음에 다양한 to부정사를 넣어봅시다.

「가서 걔 만나봐」라는 의미예요. 'Go+to부정사,' 즉 'Go+to+동사원형'의 형태로「…하러 가라」는 의미의 명령문을 만들 수 있습니다. 구어에서 편하게 말할 때는 'Go'and+동사원형' 혹은 'Go+동사원형'의 형태로도 많이 씁니다.

영어로 직접 말해보고 써보기

1. 출근해.
   Go to work.
   ▶

2. 가서 좀 쉬어.
   Go and get some rest.
   ▶

3. 가서 음료수 좀 사와라.
   Go get some drinks.
   ▶

내 입에서 영어가 나올 줄이야!

A: The rash on my skin keeps getting worse.
B: Hurry and go to see a doctor.

> A: 피부에 뾰루지가 점점 심해지고 있어.
> B: 어서 병원에 가봐.

A:

B:

A: Oh God, I'm so sleepy today.
B: You look exhausted. Go and get some rest.

> A: 어휴, 오늘 너무 졸리다.
> B: 피곤해보이네. 가서 좀 쉬어.

A:

B:

기본공식 090

Take your time
시간을 갖고 천천히 해

 만년초보 탈출하기

Take~ 다음에 다양한 명사를 넣어봅시다.

직역하면 「너의 시간을 가져라」, 즉 「시간을 갖고 천천히 하라」는 의미입니다. Take 다음에 목적어가 되는 「명사」가 온 명령문이죠. take는 탈것, 엘리베이터 등을 「타다」라는 의미로도 쓰이고, 또한 「약을 먹다」라는 의미로도 쓰이며, 그리고 「…을 취하다」라는 의미로 쓰입니다.

영어로 직접 말해보고 써보기

1. 엘리베이터를 타고 7층까지 가세요.
   Take the elevator to the seventh floor.
   ▶

2. 이 약을 드세요.
   Take this medicine.
   ▶

3. 몸조심해(=Take care, 작별인사).
   Take care of yourself.
   ▶

> 내 입에서 영어가 나올 줄이야!

A: How do I get downtown from here?
B: **Take** the number 78 bus.

    A: 여기서 시내로 어떻게 가요?
    B: 78번 버스를 타세요.

A:
B:

A: Here, **take** this medicine.
B: Will it help me get rid of my cold?

    A: 자, 이 약 먹어.
    B: 이거 먹으면 감기를 떨어뜨리는데 도움이 될까?

A:
B:

Turn left at the next corner

다음 번 모퉁이에서 좌회전하세요

만년초보 탈출하기

Turn~ 다음에 다양한 부사를 넣어봅시다.

「다음 번 모퉁이에서(at the next corner) 좌회전하세요」라는 의미죠. 'Turn+방향을 나타내는부사'의 형태로 길을 알려줄 때 유용하게 쓰일 수 있는 표현입니다.

영어로 직접 말해보고 써보기

1. 교차로에서 우회전하세요.
   Turn right at the intersection.
   ▶ ....

2. 좌회전해서 5번가로 들어가세요.
   Turn left onto 5th Avenue.
   ▶ ....

3. 다음 신호등에서 좌회전하세요.
   Turn left at the next traffic light.
   ▶ ....

> **내 입에서 영어가 나올 줄이야!**

A: Where is the nearest grocery store?
B: Turn left at the intersection. You'll see it.

    A: 제일 가까운 식품점이 어디죠?
    B: 교차로에서 왼쪽으로 도세요. 바로 보일거예요.

A:

B:

A: Turn left at the traffic light.
B: Are you sure we're going the right way?

    A: 신호등 있는데서 좌회전해.
    B: 우리, 제대로 가고 있는거 맞아?

A:

B:

기본공식 092

Hurry up!
서둘러!

 만년초보 탈출하기

다양한 일반동사+부사/전치사 형태의 명령문을 만나봅시다.
「서둘러!」라는 말이에요. 이처럼 부사와 짝을 이루거나 전치사와 짝을 이루어 항상 함께 다니는 동사들은 아예 한덩어리로 외워두셔야 해요.

영어로 직접 말해보고 써보기

1. 다음 버스를 타세요.
   Get on the next bus.

2. 진정해!
   Calm down!

3. 세번째 정거장에서 내려요.
   Get off at the third stop.
   ▶

내 입에서 영어가 나올 줄이야!

A: Hey, come on in.

B: Thanks. Here, I brought some wine.

   A: 안녕, 어서 들어와.

   B: 고마워. 자 받아, 와인을 좀 가져왔어.

A:

B:

A: You look gloomy. Cheer up!

B: I had a really stressful day at work.

   A: 우울해보이는구나. 기운내!

   B: 직장에서 정말 스트레스받는 하루였어.

A:

B:

기본공식 093

Keep the change
잔돈은 됐어요

 만년초보 탈출하기

일반동사의 원형 다음에 목적어가 오는 명령문을 만나봅시다.
change는 「변화」(명사) 또는 「변화하다」(동사)라는 의미로 제일 유명하지만, 일상생활에서는「거스름돈」, 「잔돈」을 뜻하는 말로 쓰여요. 그래서 위 표현은 「거스름 돈은 가지세요」라는 말이 되는거지요. 그밖에 「동사원형+목적어(명사)」의 형태로 쓰이는 명령문이 뭐가 있는지 알아볼까요?

영어로 직접 말해보고 써보기

1. 맛있게 드세요.
   Enjoy your meal.
   ▶ ....

2. 제가 비상구까지 안내하죠.
   Follow me to the exit.
   ▶ ....

3. 부모님께 안부 전해줘.
   Say hello to your parents for me.
   ▶ ....

내 입에서 영어가 나올 줄이야!

A: Enjoy your meal.
B: Could we get some water?

    A: 맛있게 드세요.

    B: 물 좀 갖다주시겠어요?

A:

B:

A: Say hello to your parents for me.
B: Sure. I'll tell them I saw you.

    A: 부모님께 안부 전해줘.

    B: 응. 너 만났다고 얘기할게.

A:

B:

기본공식 094

Enjoy yourself
재미있게 보내

 만년초보 탈출하기

일반동사의 원형 다음에 목적어로 yourself가 오는 명령문을 만나봅시다.
「재미있게 보내」, 「즐거운 시간 보내」라는 의미로, 파티에 가는 친구에게, 친구랑 영화보기로 했다며 나가는 가족에게 할 수 있는 말이죠. 이렇게 일반동사의 목적어로 yourself가 오는 명령문을 만나볼까요?

 영어로 직접 말해보고 써보기

1. 케익 드세요.
Help yourself to the cake.

▶ _____

2. 편안히 있어.(자기 집에 있는 것처럼 편히 하라는 의미)
Make yourself at home.

▶ _____

3. (파티, 모임 등에 아무것도 가져오지 않고) 몸만 오면 돼.
Just bring yourself.

▶ _____

> **내 입에서 영어가 나올 줄이야!**

A: Monica, please help yourself to the cake.

B: I will. It looks quite delicious.

> A: 모니카, 케익 갖다 먹어라.
> B: 네. 되게 맛있어 보이네요.

A:

B:

A: Can I get a beer from your fridge?

B: Of course. Make yourself at home.

> A: 냉장고에서 맥주 좀 갖다 먹어도 될까?
> B: 그럼. 너희 집처럼 편안히 생각하라구.

A:

B:

기본공식 095

Give it to me
그거 나한테 줘봐

  만년초보 탈출하기

일반동사의 원형 다음에 목적어가 두 개 오는 명령문을 만나봅시다.
「그거 나한테 줘봐」라는 의미죠. 이와 같은 '동사원형+직접목적어+간접목적어' 또는 '동사원형+간접목적어+직접목적어' 형태의 명령문을 살펴볼까요?

 영어로 직접 말해보고 써보기

1. 내게 맡겨[내가 알아서 할게].
   Leave it to me.
   ▶ ....

2. 크리스라고 불러.
   Call me Chris.
   ▶ ....

3. 걔를 여기로 데려와.
   Bring him here.
   ▶ ....

내 입에서 영어가 나올 줄이야!

A: Can you introduce me to your boss?
B: **Leave it to** me. I'll schedule an appointment.

    A: 상사분을 소개시켜 줄래요?
    B: 저한테 맡기세요. 제가 약속을 잡죠.

A:

B:

A: **Send me** an e-mail. I want to keep in touch.
B: I'd be happy to.

    A: 나한테 이메일 보내. 계속 연락하고 지내고 싶어.
    B: 그럼, 보내고 말고.

A:

B:

기본공식 096

Don't be late
늦지마

 만년초보 탈출하기

Don't~ 다음에 다양한 be+형용사를 넣어봅시다.

「늦지마」라는 말입니다. Don't 다음에 be동사의 원형인 be가 오는 경우죠. be동사 다음에는 명사나 형용사가 올 수 있지만 명령문으로 쓰이는 것은 대개 be+형용사의 형태입니다.

 영어로 직접 말해보고 써보기

1. 미안해하지마.
   Don't be sorry.
   ▶

2. 시끄럽게 굴지마.
   Don't be noisy.
   ▶

3. 바보같이 굴지마.
   Don't be silly.
   ▶

내 입에서 영어가 나올 줄이야!

A: I'll pick you up tomorrow at 7 a.m.

B: **Don't be** late.

   A: 내일 아침 7시에 데리러 올게.

   B: 늦지마.

A:

B:

A: **Don't be** sorry. You'll learn from your mistakes.

B: You're so kind.

   A: 미안해하지 말아요. 실수를 하면서 배우는거니까.

   B: 정말 자상하시네요.

A:

B:

Don't worry about it

걱정하지마

 만년초보 탈출하기

Don't~ 다음에 다양한 일반동사를 넣어봅시다.

「(그것에 대해서) 걱정하지마」라는 표현이죠. 사과 또는 감사에 대한 대답으로 사용되는 말입니다. Don't 다음에 일반동사의 동사원형이 온 경우예요.

 영어로 직접 말해보고 써보기

1. 그런 짓 하지마.
   Don't do that.
   ▶

2. 귀찮게 하지마.
   Don't bother me.
   ▶

3. 걔한테 전화하는거 잊지마.
   Don't forget to call him.
   ▶

내 입에서 영어가 나올 줄이야!

A: I'm so sorry. I made a big mistake.

B: Don't worry about it. It's not a big deal.

   A: 정말 미안해. 내가 큰 실수를 했어.

   B: 걱정하지마. 별거 아니야.

A:

B:

A: It's your uncle's birthday. Don't forget to call him.

B: I'll do that right now.

   A: 삼촌 생신이야. 전화드리는거 잊지마.

   B: 지금 전화할게.

A:

B:

Never mind
신경쓰지마

 만년초보 탈출하기

Never~ 다음에 다양한 일반동사를 넣어봅시다.
mind는 「신경쓰다」, 「꺼림칙하게 생각하다」라는 의미의 동사로 위 문장은 「신경쓰지마」라는 말이에요. Don't 대신에 Never를 써서 좀더 강한 의미를 전달할 수 있습니다.

 영어로 직접 말해보고 써보기

1. 절대 포기하지마.
   Never give up.
   ▶ _____

2. 약한 소리 하지마.
   Never say die.
   ▶ _____

3. 절대 포기하지마.
   Never say never.
   ▶ _____

내 입에서 영어가 나올 줄이야!

A: You shouldn't quit. Never give up.

B: But this is really difficult to do.

    A: 그만두면 안돼. 절대 포기하지마.

    B: 하지만 정말 어려운 일이란 말야.

A:

B:

A: I can't find a good job.

B: Never say die. You must keep trying.

    A: 좋은 일자리를 찾을 수가 없네.

    B: 약한 소리마. 계속 시도해봐야 한다구.

A:

B:

Let's go to the movies
영화보러 가자

🎓 **만년초보 탈출하기**

Let us(=Let's)~ 다음에 다양한 동사를 넣어봅시다.
「영화보러 가자」라는 말이죠. Let us는 Let's로 축약해서 사용하는 것이 일반적입니다. 「…하자」라는 의미이지요.

 영어로 직접 말해보고 써보기

1. 이거 한번 먹어보자[해보자].
   Let's try this one.
   ▶ ....

2. 잠깐 커피 마시며 쉬자구.
   Let's take a coffee break.
   ▶ ....

3. 이번 주말에 골프치자.
   Let's play golf this weekend.
   ▶ ....

내 입에서 영어가 나올 줄이야!

A: We've been working hard all morning.

B: I agree. Let's take a coffee break.

　A: 오전 내내 열심히 일했네.

　B: 맞아. 잠깐 커피 마시면서 쉬자.

A:

B:

A: Let's play golf this weekend.

B: We can't. It's supposed to rain.

　A: 이번 주말에 골프치자.

　B: 안돼. 비가 온댔어.

A:

B:

기본공식 100

Let me think about it

그거 생각해볼게

 만년초보 탈출하기

Let me~ 다음에 다양한 동사를 넣어봅시다.
「(그것에 대해) 생각해볼게」라는 말입니다. 'Let me+동사원형'은 직역하면 「내가 …하게 해줘」라는 의미이지만 상대방의 허락을 구하는 뉘앙스의 표현은 아닙니다. 「내가…할게」라고 상대에게 제안하거나 알려주는 정도의 뉘앙스지요.

영어로 직접 말해보고 써보기

1. 짐 드는 것 도와줄게요.
   Let me help you with your baggage.
   ▶

2. 내가 커피 갖다줄게.
   Let me get you some coffee.
   ▶

3. 뭐 하나만 물어보자.
   Let me ask you a question.
   ▶

내 입에서 영어가 나올 줄이야!

A: Let me help you with your baggage.
B: Thanks. These suitcases are heavy.

  A: 짐 드는 것 도와줄게요.
  B: 감사합니다. 여행가방들이 무겁네요.

A:

B:

A: I feel really sleepy.
B: Let me get you some coffee. It will wake you up.

  A: 굉장히 졸려.
  B: 내가 커피 갖다 줄게. 잠이 깰거야.

A:

B:

기본공식 101

Let me know what you think
네가 어떻게 생각하는지 알려줘

🎓 만년초보 탈출하기

Let me know를 이용한 표현들을 알아봅시다.

「네가 어떻게 생각하는지(what you think) 알려줘」라는 말입니다. Let me know는 「내가 알게 해줘」 즉 「내게 알려줘」라는 의미인데요, 뒤에 의문사를 이용한 명사절을 붙여 어떤 내용을 알려달라는 것인지 구체적으로 말할 수 있습니다.

✏️ 영어로 직접 말해보고 써보기

1. 네가 뭘 원하는지 알려줘.
   Let me know what you want.
   ▶ ....

2. 언제 올 수 있는지 알려줘.
   Let me know when you can come.
   ▶ ....

3. 이거 어떻게 사용하는지 알려줘.
   Let me know how to use it.
   ▶ ....

내 입에서 영어가 나올 줄이야!

A: **Let me know what** you think.
B: Hmm... I have to think about it for a second.

   A: 네 생각은 어떤지 알려줘.
   B: 음… 잠깐 생각 좀 해봐야겠어.

A:

B:

A: **Let me know when** you can come.
B: I have free time this Friday.

   A: 언제 올 수 있는지 알려줘.
   B: 이번 주 금요일에 시간 있어.

A:

B:

MEMO

SECTION 3
재미난 영어세계 이모저모

① 알쏭달쏭 영단어 구분하기
② 바로잡자! 콩글리시!
③ 사연있는 영어표현들

1 알쏭달쏭 영단어 구분하기

see • watch • look • view • gaze

see

see는 「보다」라는 가장 기본적인 단어로 주어의 의지가 없이 「그냥 보이는」 것을 말한다. 시선을 집중하지 않는다는 점이 가장 큰 특징이지만 영화나 연극 또는 스포츠 관람 등에 see를 사용한다.

- **I can see the airplanes flying overhead.**
  머리 위로 비행기가 날아가는 모습이 보였다.

watch

주의깊게 「지켜보는」 것을 의미. 특히 뭔가 움직이는 것을 지켜보는 것으로 「텔레비전을 시청하거나 경기를 관전하다」라고 할 때 이 watch를 쓰면 된다.

- **I want to watch TV tonight at eight o'clock.**
  8시에 텔레비전을 보고 싶다.

look

see와는 달리 본인이 「의도적으로」(on purpose) 「주의깊게」(with attention) 보는 것을 말한다. We looked but saw nothing이라는 문장은 look과 see의 차이점을 극명하게 보여주는 예이다.

- **I hate the fact that I have to look at your ugly face all day long.**
  네 못생긴 얼굴을 종일 바라봐야 한다는 사실이 정말 짜증난다.

view

view는 「높은 곳에서 아래를 내려다보다」 혹은 어떤 결정을 하기 위해서 집이나 전시회 등을 걸어다니며 「살펴보다」는 의미이다.

- **I have a great view of the lake from my bedroom window.**
  내 방 창가에서 멋진 호수의 전경이 보인다.

gaze

이번에는 한참동안 뭔가를 응시한다는 의미의 단어를 보자. gaze, stare 그리고 gape 등이 그들인데 gaze는 「아름답거나 흥미로운 것」에 감탄할 때, stare는 「화가나거나 충격」을 받았을 때, gape은 「놀라거나 충격」을 받아 입을 떡 벌리고 쳐다보는 것을 말한다.

- **I often gaze at the stars and wonder if someone on another planet is gazing at the earth.**
  난 종종 별을 응시하며 다른 별의 누군가도 지구를 바라다 보고 있지 않을까하는 생각을 한다.

그밖에 보는 행위를 나타내는 단어들로는 P씨 3형제를 빼놓을 수가 없다. 먼저 peek은 뭔가 보는 것이 금지된 것을 재빨리 살짝 보는 것을(Ex. peek through the keyhole) 말하며, peep은 그 유명한 관음증 환자의 대명사인 훔쳐보기의 대가 peeping Tom을 통해 알 수 있듯이 조그만 틈을 이용해 은밀히 훔쳐보는 것을, peer는 매우 진지하게 뚫어져라 관찰하는 것을 말한다.

1. 알쏭달쏭 영단어 구분하기

travel • journey • voyage • trip • tour • expedition

travel
여행의 원래 의미인 「한 곳에서 다른 한 곳으로의 이동」(moving from one place to another place)이란 개념을 갖고 있는 가장 일반적인 단어로 「여행」이라는 행위에 중점을 둔 단어. 명사 및 동사로 쓰이며 「육상·해상·항공 여행」 등을 다 포괄한다.

- **Sheila likes to travel to other countries during her vacation days.**
  실라는 휴가 동안에 해외 여행하는 것을 좋아한다.

journey
원래 육로를 이용해서 가는 「원거리 여행」을 말하는 것이지만 아래의 경우처럼 비유적으로 사용되는 등 그 의미가 확장되었다. 특히 여행기간이 장기간임을 강조할 때 사용된다.

- **Neil Armstrong was one of the first men to journey to the moon.**
  닐 암스트롱은 최초로 달을 여행한 사람 중 한 명이었다.

voyage
journey처럼 원거리 여행을 의미하는 것이지만 voyage는 「해상 장거리 여행」(long journey in a boat or ship)을 말하는 경우에만 사용된다.

- **The voyage lasted for many days, and some of the crew on the ship became ill.**
  항해는 여러 날 계속되었는데 배에 승선한 승무원 몇 명이 병에 걸렸다.

trip

일반적으로 「단기간의 짧은 여행」을 의미하였으나 미국(American English)에서는 장단기 구분없이 쓰는 추세이다. 특히 trip은 목적지로 가서 잠시 머물다 다시 출발점으로 돌아온다는 의미가 담겨져 있다. 특히 우리가 아는 그런 「여행」이 아니라 한 지점에서 다른 지점으로 이동한다는 의미로도 많이 쓰인다는 점을 기억해둔다.

- **I have planned an exciting trip to Italy this July.**
  이번 7월 멋진 이탈리아 여행을 계획했었다.
- **He made a quick trip to the store.**
  그는 잠깐 가게에 다녀 왔어.

tour

특정 사람들이 일정 기간 동안 정해진 곳을 순회하며 여행하는 것을 말하는데 「가이드가 붙은 관광」 또는 「시찰」을 의미. go on a tour라는 숙어로 많이 쓰인다.

- **The tour took the travelers up the Eiffel Tower in Paris.**
  그 여행에서 관광객들은 파리의 에펠탑을 올라갔다.

expedition

한번도 가보지 못한 위험한 곳을 여행하는 「탐험」을 의미하며 비슷하게 생긴 excursion은 단체로 가는 「소풍」이나 「야유회」 등의 여흥을 말한다.

- **The expedition led the group up the steep slopes of Mount Everest.**
  일행은 탐험에서 에베레스트산의 가파른 경사면을 올라갔다.
- **We went on a short excursion to the mountains.**
  우리는 산으로 짧은 소풍을 갔어.

1 알쏭달쏭 영단어 구분하기

pay • wage • salary • fringe benefits • perks

pay
「노동의 대가로 받는 임금」을 뜻하는 가장 일반적인 단어로 임금인상은 pay raise 라고 한다. 반대는 pay cut.

- **Our boss has promised to give us our pay at the end of this month.**
  사장은 이번 달 말에 임금을 지급하기로 약속했어.

wage
「비전문적인 분야의 근로자들이 주로 시간당 계산하여 주급으로 받는 임금」을 말한다. 주로 생산직이나 일용직에서 흔히 볼 수 있는 것.

- **My wages for this job are actually a lot higher than they were at my last job.**
  지금 직장에서 받는 임금은 사실 전 직장에서 받았던 것보다 훨씬 많아.

salary
wage에 반대되는 것으로 대체로 은행원, 사무직 등 「전문직 종사자들이 한달에 받는 급여」로 주로 은행을 통해 바로 송금되는 특징이 있다.

- **I went to the job interview, but I was so nervous I forgot to ask what the salary was.**
  취업 면접에 갔었는데 어찌나 긴장했던지 그만 월급이 얼마나 되는지 묻는 걸 잊었어.

- **For all the extra work you do around here, you should definitely be receiving a better salary.**
  여기서 잔업근무 하는 것에 대해서 더 많은 급여를 받아야 돼.

fringe benefits

fringe는 「가장자리」, 「테두리」라는 평범한 의미. 여기에 「혜택」이라는 의미의 benefits가 곁들여져 만들어진 fringe benefits는 「주변의 혜택」이라는 말로 정식 급여 외에 근로자에게 지급되는 의료비, 교통비, 식비 등의 각종 「복리후생비」를 말한다.

- **The only reason he accepted the job was because of the excellent fringe benefits.**
  그가 그 직장에 들어간 유일한 이유는 복리후생이 아주 맘에 들었기 때문이다.

perks

perks는 perquisite의 약형으로 주로 임원 등 「회사의 고위직에 있는 사람들에게 부여되는 각종 특전」을 지칭하는 단어이다. 예를 들면 전용차와 기사, 전담 비서, 전용비행기 등을 들 수 있다.

- **One of the perks that comes with this job is a free cellular telephone.**
  이 일에 딸린 특전중 하나는 무료 휴대폰이다.

1 알쏭달쏭 영단어 구분하기

company • firm • enterprise • outfit • house • partnership

company

「사업이나 교역을 목적으로 함께 일하는 사람들의 조직」(an organization made up of people who work together for purposes of business or trade)으로 회사를 지칭하거나 회사명을 말할 때 가장 일반적으로 사용되는 단어이다.

- **Make sure that you park the company car in the underground parking lot.**
  회사차는 꼭 지하 주차장에 주차시키세요.

firm

company와 동일한 의미이지만 회사명을 말하지 않고 지칭할 땐 보통 firm을 쓴다. firm은 특히 「법률 사무소」(law firm)나 금융서비스를 제공하는 「경영 컨설팅 회사」(management consultancy firm)같은 「소규모 회사」를 지칭하는 경우가 많다.

- **Please take this package to the law firm on your way home.**
  집에 가는 길에 법률 사무소로 이 소포를 가져가세요.

enterprise

「위험을 감수하고 어려운 일을 하려는 모험심」(willingness to take risks and do things that are difficult, new, or daring)이라는 의미를 내포하고 있어, 「새롭게 시작된 모험적 사업」(newly formed venture)을 뜻한다. 여기에서 파생된 단어인 entrepreneur는 「기업가」를 의미한다.

- **Our enterprise is small but growing steadily, thanks to a lot of hard work!**
  우리 회사는 영세하지만 어려운 일을 많이 한 덕택에 점차 성장해가고 있어요.

outfit

사업(business) 중에서도 「활동영역이 뚜렷한 특정사업을 벌이고 있는 소규모 업체」(a business firm engaged in a particular form of commercial enterprise)를 지칭하는 단어.

- **Our cleaners are very dependable, they have a great little outfit.**
  우리 청소부들은 아주 믿을 만해요. 그들은 작지만 좋은 회사를 갖고 있죠.

house

과거에는 주로 「가족 경영(controlled by a single family) 사업체」를 지칭했으나, 경영 형태에 관계없이 특정한 「회사 자체」를 가리키는 용어로 쓰이고 있다. in-house는 「사내의」를 뜻하는 형용사.

- **They have their own in-house marketing and sales team.**
  그들은 사내에 독립적인 마켓팅팀과 영업팀을 가지고 있다.

partnership

2인 이상이 공동 출자하여 설립한 일명 「합명(合名)회사」(an association of two or more people formed for the purpose of carrying companies)로 출자자는 무한책임을 진다. 주로 회계, 법률 등의 전문적인 서비스를 제공하는 서비스 회사가 취하는 회사 형태. 이외에 limited partnership이라 하면 「합자 회사」를 뜻함.

- **We have formed a strong partnership with your company.**
  우리는 귀사와 건실한 합명회사를 이루었습니다.

① 알쏭달쏭 영단어 구분하기

borrow • lend • loan • rent • lease • mortgage

borrow

「나중에 돌려주기로 하고 무언가를 빌리다」(to get something from someone which you must give back later)를 뜻하는 borrow는 주로 돈·책 등의 이동 가능한 것을 일시적으로 빌릴 때 사용한다.

- **Could I borrow your notebook computer tonight so I can finish the reports?**
  보고서를 완성할 수 있게 오늘 밤 네 노트북 좀 빌려줄래?

lend

위에 설명한 borrow와 반대로 lend는 「타인에게 차후에 돌려받기로 하고 무언가를 빌려줄 때」(to give something to someone and get it back later) 쓰인다. 따라서 상대방에게 무언가를 빌려달라고 할 때는 Can you lend me ~? 또는 Can I borrow ~?라 해준다.

- **Since I forgot my wallet, would you lend me ten dollars for parking?**
  지갑을 잃어버려서 그러는데 주차료 10달러만 빌려줄래요?

loan

loan이 동사로 쓰이면 lend와 마찬가지로 「빌려주다」를 의미하며, 명사로 쓰이면 요즘 들어 빈번히 쓰이는 「융자금」(money that is borrowed)을 뜻하여 apply for a loan은 「융자를 신청하다」, bad loan은 「부실 채권」을 의미하게 된다.

- **We can loan you the software until the end of the month.**
  이달 말까지는 소프트웨어를 빌려드릴 수 있습니다.

rent
「사용료를 내고 필요한 것을 임대하거나 빌린다」(to get or give the use of something in return for money)는 점에서 앞에서 배운 것들과는 차이가 있다. 주로 자동차나 집을 임대할 때 사용되며, 명사로 쓰이면 「임대료」를 뜻한다.

- **We will need to rent a van for the weekend to move the stuff.**
  이 물건들을 옮기려면 주말동안 소형트럭을 한대 빌려야겠어.

lease
「사용료를 내고 일정기간 동안 빌딩이나 토지 등을 빌려주거나 빌리는 것」(to give or get the use of land or buildings for a specific term in return for rent)으로 주로 사업상의 목적을 위해서 빌릴 때 쓰인다는 점에서 rent와 다르다.

- **I have to lease a photocopier until I can afford to buy one.**
  복사기를 살만한 여유가 생길 때까진 임대해서 써야 해요.

mortgage
「부동산을 구입할 때 구입하는 그 부동산을 담보로 대출받는 융자」(an agreement to have money lent so as to buy real property, by which the real property is held as collateral by the lender until the money is repaid)로 일반화된 제도이다.

- **I had to apply to three banks before I got my mortgage.**
  담보 대출을 받기 전 세 군데 은행에 대출을 신청해야 했다.

1 알쏭달쏭 영단어 구분하기

want • would like • hope • wish • expect • desire

want

구어적으로 가장 많이 사용하는 단어로, 특히「자기가 가지고 있지 않거나 부족한 것을 원할 때」쓸 수 있다. 보통「상대가 …해주기를 바랄 때」"I want you to ~"라는 표현을 쓰게 되는데 이는 듣는 이에게 그다지 예의바른 표현이 아니므로 손아래 사람에게 쓰는 것이 일반적이다.

- **I want to get a new recipe book that has only low fat meals.**
  나는 저지방 요리로만 구성되어 있는 새 요리책을 사고 싶다.

would like

「바램」이나「선호하는 바」를 말할 때 쓸 수 있는 표현. want와 마찬가지로 to 부정사를 목적어로 갖는 would like는 want에 비해 훨씬 polite한 표현으로 대화중에 상대에게「정중하게 무언가를 권유할 때」"Would you like to ~?"를 이용해 볼 수 있겠다.

- **He would like to receive the information by the end of the day.**
  그는 퇴근 전까지 정보를 입수하고 싶어한다.

hope

이 단어 역시「바라다」,「희망하다」를 뜻하는 말로 그 뒤에 오는 목적어는「실현될 것」이나「실현 가능하다고 믿는 바」(something to happen to believe it is possible to happen)를 써주는데, 특히 긍정적이고 바람직한 것을 바랄 때에 쓰이기 때문에 나쁜 일에는 "I fear ~," 또는 "I'm afraid of ~"를 쓴다.

- **I hope that the temperature control on the oven works properly.**
  그 오븐의 온도조절기가 제대로 작동하기를 바란다.

wish

「현재로서는 이루기 불가능한 것을 바라다」라는 의미로 want 보다 더 적극적인 소원을 말할 때 쓸 수 있다. "I wish you good luck"에서와 같이 인사말로(as a greeting) 상대방에게 「…하기를」이란 의미에서도 많이 애용된다.

- **Don't you ever wish that you had a bigger, more modern kitchen?**
  당신은 더 크고 현대적인 부엌을 갖고 싶다고 바란 적 없나요?

expect

「실현가능성이 큰 일이 일어날 것을 기대하는 것」(to believe that something will happen because it seems very likely)으로 상당히 확신에 차서 말할 때 쓰인다. 기대하는 사항이 부정적인 경우에도 쓸 수 있다는 점에서 hope와는 차이가 있다.

- **We expect that we will have at least ten people for dinner tonight.**
  오늘 밤 저녁식사에 적어도 열 사람은 올거라고 생각해요.

desire

앞의 단어들과 마찬가지로 「바램」이나 「희망」을 나타낼 때 쓸 수 있는 단어 desire는 상당히 격식을 차린 단어로 조금은 딱딱한 표현이라 일상 회화에서는 그다지 많이 쓰이진 않는다는 것에 유의한다. 하지만 hope나 want를 넘어서는 「강한 욕망」을 전달하고 싶을 때는 desire를 써주는 것도 좋겠다.

- **His desire is to graduate at the top of his chef school class.**
  그의 바램은 요리사 학교에서 최우수 학생으로 졸업하는 것이다.

1. 알쏭달쏭 영단어 구분하기

special • particular • peculiar • exceptional • especial

special

「특별한」이란 뜻으로 가장 널리 쓰이는 단어. 「보통의 것·일반적인 것과 다름」(not ordinary, regular, or usual)을 강조하는 말로, 생일이나 국경일 등과 같이 「특별한 목적을 위해 기획되거나 행해지는 것」(something is done or made for a particular purpose)을 표현할 때 주로 이용된다.

- **He is a very special person and we are really going to miss him.**
  그는 매우 특별한 사람이며 우리는 그를 정말로 그리워할 것이다.

particular

particular beer와 같이 「동일한 종류 가운데서 선택된 것」으로 「특별한 주목을 받는」(deserving special notice or attention more than the others or more than usual)다는 의미를 함축하고 있다.

- **This particular phone will not go into production until the fall of 2030.**
  이 이색 전화기는 2030년이 될 때까지는 생산에 들어가지 않을 것이다.

peculiar

peculiar는 다르긴 다르되(unusual) 그 초점이 「기묘함」(strange)에 있다. 하지만 안타깝게도 그 뉘앙스가 좋은 의미의 기묘함이라기 보다는 「곤란하거나 불쾌한 쪽」(troubling or displeasing)에 가깝다.

- **I have had a peculiar kind of bump on my skin ever since I was bit by that mosquito.**
  모기한테 물린 이후로 피부에 이상한 혹이 생겼어요.

exceptional

「예외적인」(unusual)이란 뜻. 발생 빈도수가 드물다는 의미에서 「예외적」이고, 능력이나 자질이 보통이 아니게 매우 뛰어나다(unusually high quality or ability)는 의미에서도 역시 「예외적」이라 「매우 우수한」, 「보기드문」 정도의 우리말로까지 옮길 수 있다.

- **We have had an exceptional year; our sales have more than doubled.**
  우리에겐 이례적으로 2배 이상의 판매실적을 거둔 해가 있었다.

especial

네이티브들은 대화를 할 때 이 especial이란 형용사는 거의 사용하지 않고 오히려 especially라는 부사를 애용한다. 특별하긴 특별하되 여러가지 것 가운데 「다른 어떤 사람이나 물건 이상으로」(much more than usual, or much more than other people or things) 「특별한」 것을 말할 때 쓴다. 주의해야 할 사항으로 especially는 문두에 올 수 없고, 주어 바로 뒤나 아래의 예문에서와 같이 「특별히」 구체적으로 언급하고 있는 예시 앞에 놓는다.

- **There are a lot of things I like about my new job, especially the location, here in Florida.**
  나의 새 직장에 대해 마음에 드는 점이 많이 있지만 특히 여기 이곳 플로리다에 위치하고 있다는 점이 마음에 든다.

1 알쏭달쏭 영단어 구분하기

because of • due to • owing to • thanks to

because of

「…때문에」류의 큰형님격인 표현. 「어떤 일이 발생하거나 혹은 어떤 행동을 한 이유를 설명」(explain why something happened, why you did something etc.)하기 위해 사용된다. 주로 informal하게 쓰이므로 비즈니스 차원의 공식적인 대화에서는 가급적 피하는 것이 바람직하다.

- **She doesn't want to work with him because of his short temper.**
  그의 급한 성미때문에 그녀는 그와 함께 일하길 원치 않아요.
- **It was because of his stupidity that we lost the deal and we won't let him forget it.**
  그의 어리석음때문에 우리는 이 계약을 놓쳤어요. 그에게 그 사실을 잊지 않게 해야 할거예요.

due to

어떤 「곤란이나 실패의 원인을 언급」(introduce the reason for a difficulty or failure)할 때 사용되는데, 특히 「공식적인 보고」(official statement)시에 주로 쓰인다. 그래서인지 TV 뉴스나 일기예보에서 쉽게 들을 수 있다.

- **The mistake was due to computer error, but the problem has been fixed now.**
  컴퓨터 에러로 인해 오류가 발생했지만, 이제 그 문제는 해결되었습니다.
- **Our plane was late due to a severe snowstorm in Chicago.**
  시카고에서의 심한 눈보라로 인해 비행기가 지연되었습니다.

owing to

owing to는 뭔가 「발생한 일의 이유를 설명」(introduce an explanation of why something happened)하기 위해서 사용된다. due to와 마찬가지로 공식석상에서 하는 formal한 표현.

- **Owing to your generosity our agency can remain open for another year.**
  귀하의 관대함으로 우리 대리점이 계속해서 한 해 더 영업할 수 있게 되겠군요.

thanks to

끝으로 「…때문에」 계열 가운데서도 요즘처럼 각박한 세상에 참 기특한 표현. thanks만 보고도 쉽게 눈치챌 수 있듯이, 뭔가 「좋은 일이 일어나서 그 이유를 설명」(explain why something good has happened)할 때, 특히 「그 일을 가능하게 만든 사람 등에게 감사할 때」(when you are grateful to the person or thing that made it possible) 그 마음을 담아서 쓰면 된다.

- **Thanks to you we are going to enjoy a three-day weekend at the company retreat.**
  당신 덕분에 우리는 회사 수련원에서 3일간의 주말을 즐겁게 보낼 거예요.

1 알쏭달쏭 영단어 구분하기

clear • apparent • evident • obvious • plain

clear

우리말에 「분명한」이란 단어와 모두 엇비슷하게 떨어져 다소 분간이 어렵지만 이번 기회에 그 미세한 차이를 한번 느껴보자. 먼저, clear는 이해하기에 장애가 되는 모호한 요소가 없어 즉석에서 바로 손쉽게 이해가 될 정도로 가장 일반적인 「분명한」의 의미. 일상에서나 회의석상에서 대화를 나누다가 상대방의 말이 명확히 와닿는다고 할 경우에 쓸 수 있겠다.

- **His point was clear to me, but I'm not sure if everyone understood how the restructuring will affect them.**
  그가 말하는 요점은 나한테는 분명한데, 구조조정이 자신들에게 어떤 영향을 끼칠지를 모든 사람들이 이해하고 있는지는 확실하지 않다.

apparent

이해할 수 있을 정도로 점차 명확해지고 있다는 「진행의 의미」가 강한 apparent는 특히 자신이 생각했던 것과는 정반대의 결과가 나타난 경우에 사용할 수 있다. 아래 예문을 보면 「컴퓨터를 켜기 전과 켠 후의 상황이 자신이 생각했던 것과는 다르다」는 의미를 내포한다. 또한, apparent는 「겉으로만 그럴싸한」이란 의미도 있어서 주의해야 할 단어.

- **It became apparent that there was a computer problem when I tried to log on.**
  내가 접속을 시도했을때 컴퓨터에 문제가 있다는 것이 명백해졌다.

evident

이 부류의 단어들 중에 가장 formal한 단어로, 상대의 표정(by one's appearance)이나 외관상의 행동(by one's action) 등을 종합적으로 판단했을 때 사실임이 분명하다는 의미를 지니고 있는 말이다.

- **It was evident by her reaction that she knew nothing about the robbery.**
  그녀가 그 강도에 대해 아무것도 모른다는 사실이 그의 반응으로 분명해졌다.

obvious

evident와 가장 유사한 개념으로 쓰이는 obvious는 「분명한」이라는 의미가 가장 강하다. 겉보기에도 그렇고 여러 상황 등을 고려해 봤을 때 「(의심할 여지가 추호도 없을 만큼) 명백한」이란 뜻을 지니고 있다. 즉, 명백한 증거(strong evidence)를 가지고 있을 때 쓸 수 있는 단어.

- **It was obvious that he knew exactly where to look for the problem.**
  그는 그 문제를 어디에서 찾아야 할지 정확히 알지 못한 것이 명백하다.

plain

사실이나 설명이 쉽게 이해되고 알기 쉽다는 의미의 단어로, simple이란 말과 자주 어울려서 사용된다.

- **The directions to the convention were plain and simple.**
  그 회의장으로 가는 길 안내는 분명하고 간단했다.

1 알쏭달쏭 영단어 구분하기

predict • prophesy • foretell • forecast • foresee

predict
시시각각 급변하는 주식시장에서 가장 중요한 것은 경기예측. 누구보다 선견지명 하는 능력이 뛰어나다면 이 시장에서 돈으로 벼락을 맞을 수 있을 것이다. 이번에는 이처럼 「미리 예측[예견]하다」는 동사들을 구별하여 보자. 먼저, predict란 단어는 가장 일반적 의미의 「실제로 일이 일어나기 전에(before something actually happens) 미리 그러할 것이라고 말하다」라는 뜻. 자신의 사실이나 경험에 비추어 추론이 가능할 경우 사용할 수 있다.

- **He says that he can predict when the stock is going to rise and fall.**
  그는 주식이 언제 오르고 떨어질지를 예상할 수 있다고 말한다.

prophesy
무엇이 일어날 것이라고 미리 말하는 것이지만 특히, 「종교적인 힘이나 주술적인 능력(religious or magical powers)에 의지하여 예상하다」는 의미가 들어있다. 한 가지 꼭 기억할 것은 prophesy의 발음에 주의한다. 여러번 발음해 보며 자기 것으로 만들자.

- **She prophesied that we would do more business in Q4 than in all other quarters combined.**
  그녀는 우리가 다른 분기들을 합산한 것 보다 이번 4분기에 사업이 더 잘 될 것이라고 예상했다.

foretell
prophesy와 가장 비슷한 의미로 쓰이는 단어. 전쟁 혹은 회사의 몰락 등의 비교적 큰 규모의 일에 대한 예측을 말한다.

- **No one could foretell the demise of such a strong diverse corporation.**
  아무도 그렇게 힘있는 문어발 기업의 종말을 예상할 수 없었다.

forecast

비즈니스나 정치, 혹은 날씨에 관한 예상을 전문적인 지식(special knowledge)이나 기술적 방법(technical methods)에 근거하여 공개적으로 말하는 것을 가리킨다. 명사로도 많이 쓰여 weather forecast라고 하면 「일기예보」라는 말.

- He **forecasted** that our profits would be much better this month than last year at this time.
  그는 우리의 이익이 작년 이맘때 보다 이번 달에 훨씬 더 나아질거라고 예상했다.

foresee

보다 엄밀하게 예측한다는 의미가 강하고, 따라서 그 결과도 거의 명백하게 드러나게 된다.

- It's too bad that we didn't **foresee** the success of that stock.
  우리가 그 주식이 대박터지리라고 예견하지 못한 것은 정말 안된 일이다.

2. 바로잡자! 콩글리시!

먼저 틀린 곳을 찾아보자!

A: Excuse me, where exactly is here right now?
B: If you look on this map of the mall, you are here.
A: How do I get to the movie theatre?
B: It's directly at the top of the escalators.

A: 죄송합니다만, 지금 여기가 정확히 어디죠?
B: 이 쇼핑몰의 지도를 보시면 바로 여기에요.
A: 영화관을 가려면 어떻게 해야 되죠?
B: 에스컬레이터를 타고 올라가면 바로예요.

정답부터 확인해보고~

Where exactly is here? (X)
Where exactly am I? (O)

그럼 왜 그럴까??

자신이 와 있는 위치가 어디인지 모를 경우 「여기가 어디죠?」라고 직역하여 Where is here?라고 하면 낭패. 영어세계에서는 Where am I?로 써야 한다. 또한 이 표현의 과거형 Where was I?는 전화통화중 다른 일에 신경쓰다 다시 통화를 할 때, 「어디까지 얘기했지?」라는 말. 한편, Where were we?란 표현은 지난 시간의 진도를 물어보는 말로 「어디까지 배웠죠?」라는 뜻이다.

먼저 틀린 곳을 찾아보자!

A: Do you want to come for drinks after work?
B: I'd love to, but I have a promise right after work.
A: Maybe you can meet us later in the evening.
B: I'll give you a call on your cell phone and try and meet up with you.

A: 일 끝나고 한잔하러 갈래요?
B: 그러고 싶기는 한데 퇴근 하자마자 약속이 있어서요.
A: 저녁 늦게 우리 있는데로 오면 되겠네요.
B: 내가 당신 핸드폰으로 전화해서 가도록 할게요.

정답부터 확인해보고~

I have a promise (X)
I have an appointment (O)

?? 그럼 왜 그럴까??

영한사전에 익숙한 우리에게 「약속」하면 언뜻 떠오르는 단어는 promise. 하지만 promise는 '언질'의 의미로, 「나 오늘 (병원 등 공식적인) 약속이 있어」라고 할 때는 I have a promise today라고 쓰지 않고 I have an appointment today를 써야 한다.

2. 바로잡자! 콩글리시!

🖍 먼저 틀린 곳을 찾아보자!

A: Could I get your sign please?
B: Sure, who should I make it out to?
A: You can make it out to Jeff.
B: Is there anything special you want me to say?

> A: 사인 좀 받을 수 있을까요?
> B: 그럼요. 누구 앞으로 해드리면 되죠?.
> A: 제프 앞으로 해주시면 돼요.
> B: 특별히 제가 적어주었으면 하는게 있나요?

✅ 정답부터 확인해보고~

Could I get your sign? (X)
Could I get your autograph? (O)

❓❓ 그럼 왜 그럴까??

「유명인사에게 사인을 받는다」는 get one's autograph. autograph 대신 sign이라는 말을 쓰면 「별자리」를 묻는 말로 오해하기 쉽상. 참고로, 서류나 합의서에 하는 서명은 signature를 쓴다.

 먼저 틀린 곳을 찾아보자!

A: Do you have any vinyl bags I could use for this garbage?
B: I don't have any, but I think Cheryl has some.
A: Is she still in the staff room?
B: I think she's just finishing her coffee.

A: 이 쓰레기 담는데 쓸 비닐종이 있나요?
B: 아뇨, 하지만. 쉐럴이 몇 장 가지고 있을거예요.
A: 쉐릴은 아직 직원 휴게실에 있나요?
B: 지금 커피를 마저 마시고 있을거예요.

 정답부터 확인해보고~

vinyl bags (X)
plastic bags (O)

그럼 왜 그럴까??

영어에서는 우리가 구별하는 비닐과 플라스틱을 모두 plastic이라고 총칭해서 부른다. 그렇다고 우리말의 「비닐 하우스」를 plastic house라고 했다가는 낭패. 비닐하우스는 green house라고 해주면 된다.

바로잡자! 콩글리시!

먼저 틀린 곳을 찾아보자!

A: You should take a taxi so you don't get charged for drinking driving.
B: That's probably a good idea.
A: I'll come by tomorrow to pick you up and we can go and get your car.
B: That's great. I'll see you tomorrow.

> A: 너 음주운전 단속에 걸리지 않게 택시 타는게 좋겠다.
> B: 그게 좋을 것 같다.
> A: 내일 널 데리러 올게. 그럼 가서 네 차를 가지고 오면 될거야.
> B: 좋아. 내일 보자.

정답부터 확인해보고~

drinking driving (X)
drunk driving (O)

###

drinking driving이란 「술을 마시면서 하는 운전」이란 의미. 「음주운전」이란 술을 마시고 난후에 하는 운전을 지칭하는 것으로 drunk (or drunken) driving이라고 해야 한다. 또한 배의 음주운전금지는 No Drunken Sailing이라고 한다.

먼저 틀린 곳을 찾아보자!

A: Where am I supposed to put this lock?
B: It goes on your handle.
A: Now I understand.
B: If you want I'll show you how it goes on.

>A: 이 자물쇠는 어디다 쓰는거야?
>B: 네 차 핸들에 쓰는거야.
>A: 이제야 알겠군.
>B: 원한다면 내가 어떻게 작동하는지 보여줄게.

정답부터 확인해보고~

handle (X)
steering wheel (O)

그럼 왜 그럴까??

자동차 handle이라고 하면 영어로 「문 손잡이」를 가리키는 말. 자동차 핸들은 「운전하다」라는 동사 steer란 단어와 「핸들모양」을 가리키는 wheel을 합성한 steering wheel이라고 해야지만 바른 영어가 된다.

2 바로잡자! 콩글리시!

먼저 틀린 곳을 찾아보자!

A: If I eat any more I'm going to overeat.
B: I feel exactly the same.
A: Let's ask for a doggy bag.
B: That's a good idea.

> A: 난 더 먹으면 토하겠어.
> B: 나도 너랑 똑같은 기분이야.
> A: 좀 싸달라고 하자.
> B: 좋은 생각이야.

정답부터 확인해보고~

overeat (X)
puke (O)

?? 그럼 왜 그럴까??

overeat는 「과식하다」는 뜻이지만 태평양을 건너오면서 배멀미를 했는지 콩글리쉬업계에서는 「토하다」(vomit)는 의미로 사용되고 있다. 영어로 제대로 표현하자면 일반적으로 throw up이나 informal하게 쓰는 puke 등이 있다.

먼저 틀린 곳을 찾아보자!

A: I'm going to meet with the circle members tonight.
B: What time is your meeting at?
A: It's at 7:30 at the library.
B: Maybe I'll join you later if I finish this assignment.

A: 오늘 밤에 동아리 모임에 갈거야.
B: 모임이 몇 시에 있는데?
A: 7시 반에 도서관에서.
B: 이 숙제를 끝내면 나중에라도 내가 갈지 몰라.

정답부터 확인해보고~

circle (X)
club (O)

그럼 왜 그럴까??

대학마다 있는 수많은 「동아리」들. 왕년에는 「서클」(circle)이란 콩글리시로 불리웠지만 정식 영어명칭은 club. 또한 그 회원은 club member라 한다. 따라서 club member를 늘리려면 'Join the circle'이 아니라 'Join the club'이라고 해야 한다.

② 바로잡자! 콩글리시!

✏️ 먼저 틀린 곳을 찾아보자!

A: How many running machines does the gym have?
B: I think that they have about twenty.
A: Is there ever a lineup to get on them?
B: Not very often.

> A: 그 체육관에 러닝머신이 몇 개나 있니?
> B: 20개쯤 있는거 같아.
> A: 그거 탈려고 줄을 서곤 하니?
> B: 자주 그러지는 않아.

✅ 정답부터 확인해보고~

running machine (X)
treadmill (O)

❓❓ 그럼 왜 그럴까??

fitness center의 대표적인 운동장비 중 하나인 러닝머신은 그 태생이 정말 의심스러운 콩글리시. 장비는 수입하면서 바빠서 그 명칭까지는 미처 들여오지 못했나 보다. 올바른 영어인 treadmill은 원래, 「밟다」라는 tread와 우리의 「방아」에 해당되는 mill이 결합하여 생긴 단어.

먼저 틀린 곳을 찾아보자!

A: What time does that show come on?
B: It comes on during golden time.
A: What day of the week is it on?
B: It's on Monday night.

> A: 저 프로는 몇 시에 하는거야?
> B: 황금시간대에 하더라구.
> A: 무슨 요일에 하는데?
> B: 월요일 밤에.

정답부터 확인해보고~

golden time (X)
prime time (O)

그럼 왜 그럴까??

시청률(audience rating)에 웃고 우는 방송사(broadcasting station) 관계자라면 제일 민감할 법한 「황금시간대」. 시청자들이 텔레비전을 제일 많이 보는 시간, 즉 '오후 8시부터 11시'(미국 기준)까지를 말하는 이 단어 역시 콩글리시. 영어에서는 prime time이라고 한다.

바로잡자! 콩글리시!

먼저 틀린 곳을 찾아보자!

A: Have you seen my system diary?
B: I think you left it in the boardroom.
A: Thanks.
B: You're welcome.

> A: 내 다이어리 봤니?
> B: 내 생각엔 중역 회의실에 둔 것 같은데.
> A: 고마워.
> B: 천만에.

정답부터 확인해보고~

system diary (X)
day planner (O)

그럼 왜 그럴까??

잡지의 사은품(complimentary gift)으로 등장하여 판매 부수 올리는데 단단히 한몫을 하는 시스템 다이어리. 일기가 아닌 하루하루(day)의 계획(plan)을 써넣기 위한 용품이라는 취지에 맞게 명칭도 day planner가 가장 일반적. organizer라고도 한다.

먼저 틀린 곳을 찾아보자!

A: When did you get the perma?
B: I got it last week.
A: It looks good on you.
B: I'm still getting used to it.

A: 그 퍼머 언제 했니?
B: 지난 주에 했어.
A: 너한테 잘 어울린다.
B: 이 머리에 아직은 적응 중이야

정답부터 확인해보고~

perma (X)
perm / permanent wave (O)

그럼 왜 그럴까??

「파마」, 혹은 「파마난토」라고 일본에서 쓰는 말을 또다시 수입한 단어. perma. permanent wave 혹은 이것을 줄인 perm이 정확한 영어이다.

3. 사연있는 영어표현들

skeleton in the closet
충격적인 비밀

 왜 이렇게 쓰이게 되었을까…?

skeleton은 해골이고 closet은 벽장. 그럼 벽장속에 해골이라… 이는 「남의 이목을 꺼리는 집안의 비밀」이다. 기원은 정확히 알려져 있지 않고 한 실제 사건(actual incident)에 근거한 것이라고 추측할 따름이다. 집안에서 가족이 살인을 저질러 시체를 벽장(closet)속에 숨겼다. 그리고 그 벽장은 몇 대가 흐르도록 폐쇄되어 출입이 금기시된다. 하지만 언젠가 비밀은 탄로나게 마련. 훗날 누군가 벽장 속의 시체를 발견했을 때 남아있는 것은 해골(skeleton)뿐. 여기에서 유래되어 skeleton in the closet 하면 「가족의 오랜 수치」(long-hidden family shame), 나아가 의미가 확장되어 「충격적인 비밀」(shocking secret)이라는 일반적인 의미로도 쓰이게 되었다.

실제 대화에서 어떻게 쓰이는지 확인해보자

A: I'm sure he's got a few skeletons in the closet.
B: Everybody has some.
A: You're right, but there's something strange about that guy.
B: He does seem a little odd.

> A: 그 사람은 무슨 비밀이 있음에 틀림없어.
> B: 누구나 조금은 다 있잖아.
> A: 그건 그래, 하지만 그 녀석에겐 뭔가 이상한게 있다구.
> B: 좀 이상한거 같기도 하다.

Ambulance
앰뷸런스

 왜 이렇게 쓰이게 되었을까…?

옛날 전투에서 부상당하면 군인들은 전투가 끝날 때까지 혹은 일몰시까지 그 자리에 그대로 있어야 했다. 그러나 18세기 말 프랑스 군대에서 붕대와 지혈대(bandages and tourniquets) 등을 갖추어 부상병을 병원으로 호송할 수 있는 오늘날의 「구급차」와 유사한 차량을 도입했는데 hopital ambulant라고 불렀다. 이는 영어로 옮겨보자면 walking hospital이라는 의미로 여기서 ambulant은 라틴어로 「걷다」라는 뜻인 ambulare에서 파생된 형용사로 뒤에서 명사인 hospital을 수식하는 경우. 이는 아주 빨리 달려서 ambulance volantes(flying walker)로도 불렸는데 영국인 병사들이 이를 줄여 ambulance라고 부르면서 오늘날의 형태가 된 것이다.

실제 대화에서 어떻게 쓰이는지 확인해보자

A: You'd better pull over to the side.
B: What for?
A: There's **an ambulance** behind us with its lights on.
B: Thanks, I didn't see or hear it.

> A: 차를 가장자리로 붙이는게 좋겠다.
> B: 왜?
> A: 구급차가 불을 켜고 우리 뒤에 있어.
> B: 알려줘서 고마워, 나는 전혀 몰랐는데 말야.

3 사연있는 영어표현들

apple of one's eye
소중한 사람이나 물건

 왜 이렇게 쓰이게 되었을까…?

「소중한 사람이나 물건」(person or thing that somebody loves the most)이라는 뜻으로 구약의 신명기(Deuteronomy 32:10)에서 등장하는 표현. 신의 인간에 대한 사랑(God's tender love for his people)을 묘사하는 구절, "He led him about, he instructed him, he kept him as the apple of his eye"(하나님은 그를 인도하고 호위하고 자기 눈동자 같이 지키셨도다)에서 비롯된 말이다. apple은 원래 눈동자가 사과처럼 둥글다는데서 눈동자의 은유적인 표현으로 사용되어 왔는데 결국 자신의 눈동자와도 같은 사람이니 얼마나 소중한 사람이겠는가! 연인들에겐 사랑스러운 그녀 혹은 그가, 부모에겐 자녀들이 바로 그러한 존재일 것이다.

 실제 대화에서 어떻게 쓰이는지 확인해보자

A: What do you think of the new secretary?
B: She's **the apple of my eye**.
A: Yeah, but can she work as well as she looks?
B: I certainly hope so!!

  A: 새로온 비서 어떻게 생각해?
  B: 아주 맘에 쏙들어.
  A: 그렇구나, 하지만 생긴 것처럼 일도 그렇게 잘 할까?
  B: 정말 그랬으면 좋겠다!!

It takes two to tango
손뼉도 마주쳐야 소리가 나는 법이야

왜 이렇게 쓰이게 되었을까…?

영화 True lies에서 장미를 입에 물고 추는 그 황당한 춤, 아니면 Scent of A Woman에서 장님인 Al Pacino가 추었던 그 황홀한 춤을 기억하는가! 그 춤이 바로 정열의 라틴 춤 탱고인데 It takes two to tango는 여기서 나온 표현이다. 즉 탱고를 추는데는 두사람이 필요하다는 말. 혼자선 할 수 없는 일이니 그 책임도 함께 져야 한다 (must accept some responsibility)는 의미이다.

실제 대화에서 어떻게 쓰이는지 확인해보자

A: Would you and Jim quit your arguing over that deal?
B: Listen, **it takes two to tango** and he just won't shut up.
A: I'll go have a talk with him.
B: That's a good idea.

> A: 너하고 짐 말야 그 건에 대해 그만좀 싸우면 안돼?
> B: 이것 봐, 손뼉도 마주쳐야 소리가 나는 법이야, 그 녀석이 끝을 안내잖아.
> A: 내가 걔랑 얘기좀 해봐야겠다.
> B: 그렇게 좀 해봐.

3. 사연있는 영어표현들

Easy come, easy go
쉽게 얻으면 쉽게 잃게 돼

 왜 이렇게 쓰이게 되었을까…?

도박판에서 돈을 어마무지하게 땄다거나 복권에 당첨되어 하루아침에 부자가 된 경우, 그 돈은 고생고생해서 벌어들인 돈과는 달리 아무 생각없이 쓰게 되는 것이 사람마음이다. 이렇게 「노력없이 쉽게 얻어지는 것」(get quickly and easily)은 「그만큼 쉽게 사라져 버린다」(may be lost or spent just as easily)는 것을 영어로는 간단히 Easy come, easy go라고 한다. 사실 이 개념은 아주 오래전부터 있던 것이지만 요런 형태로 쓰이게 된 것은 19세기에 들어서다.

 실제 대화에서 어떻게 쓰이는지 확인해보자

A: Aren't you angry that we didn't get to go?
B: Not really. I have more of **an easy come easy go attitude**.
A: I can't understand how you can be so relaxed.
B: There will be other opportunities for us down the road.

> A: 우리가 못가게 됐다는게 화나지 않냐?
> B: 뭐, 꼭 그렇지도 않아. 쉽게 얻으면 쉽게 잃게 된다고 생각해.
> A: 어떻게 그렇게 느긋할 수가 있는 지 이해할 수가 없어.
> B: 앞으로 또 기회가 있을거니까.

dressed to kill
죽여주는 의상을 입은

 왜 이렇게 쓰이게 되었을까…?

멋진 여성들의 의상을 보며, "죽여주는데!"라고 말하는데, 여기에 딱 맞아 떨어지는 표현이 영어에 있다. dressed to kill이 바로 그것. 원래는 과거의 전사(warrior)들이 적과 싸우러 가기 전에 온 몸에 색칠을 했던(get painted up) 것에 빗대어, 가장 멋진 그리고 눈에 확 들어오는 옷차림을 했다는 말이다. 이보다 좀더 격식을 차린 잘 차려입었다고 할 때는 dressed (up) to the nines라고 한다.

 실제 대화에서 어떻게 쓰이는지 확인해보자

A: Wow, you're **dressed to kill** tonight.
B: I have a big date.
A: Where are you going?
B: We are going out for dinner and then we are going out dancing.

A: 와, 너 오늘밤 의상 죽여주는데.
B: 오늘 중요한 데이트가 있어.
A: 어디 가는데?
B: 둘이 밖에서 저녁 먹고 춤추러 갈거야.

3 사연있는 영어표현들

Two's company, three's a crowd
둘이면 좋지만, 셋이면 방해가 된다

 왜 이렇게 쓰이게 되었을까…?

'둘이 모이면 회사, 셋이 모이면 군중?!' 도대체 이게 무슨 말이냐고 고개를 갸우뚱 할 사람이 있을지 모르겠다. 하지만 company에 회사라는 진부한 뜻 외에 외로울 때 이를 달래주는 「친구」라는 뜻이 있음을 알아차린다면 '아하!'하는 감탄사와 함께 의미가 이해될 것이다. 이 표현은 1546년 John Heywood 속담집(proverb collection)에 처음 등장하였는데, 행복한 관계인 둘사이(two people who are happy together)에 제 3자가 끼어들면 둘에게는 어서 사라져 주었으면 하는 눈치없는 사람이(a third person is not wanted) 된다는 말이다. 가장 전형적인 예는, 물론, 서로 연정을 느끼는(romantically interested) 이성간(?)에 불청객이 끼어든 경우다. 예의상 초청은 해 놓고 '왜 빨리 안가나'하는 원망스러운 눈빛을 아는 사람은 다 알지 않는가?

 실제 대화에서 어떻게 쓰이는지 확인해보자

A: **What do you think if I bring along Christine with us?**
B: **Do you want my honest opinion?**
A: **Yes.**
B: **Two's company, three's a crowd.**

> A: 크리스틴을 함께 데려가면 어떨까?
> B: 솔직하게 말해도 돼?
> A: 응.
> B: 걔를 데려가면 괜히 분위기만 망칠 것 같은데.

over my dead body
내 눈에 흙이 들어가기 전까지는

 왜 이렇게 쓰이게 되었을까…?

「내 시체를 넘어서」라는 말은 「네가 무슨 일을 하려면 나를 먼저 죽여야 한다」 (you'll have to kill me to prevent me from keeping you from doing something)는 의미로, 얼핏 들으면 살벌한 표현. 이는 19세기 초반부에 미국에서 쓰이기 시작했는데 우리말로 치면 '내 눈에 흙이 들어가기 전에는 절대 …할 수 없다'는 뉘앙스의 말. 직역의 의미처럼 뭐 그렇게 살벌한 표현만은 아니고 그저 「반대의사를 강조하고 싶을」(wishing to emphasize the extent of their opposition) 때 쓸 수 있다.

 실제 대화에서 어떻게 쓰이는지 확인해보자

A: He'll get that position **over my dead body**.
B: Why don't you want him to get it?
A: He's always taking credit for other people's work.
B: That is a bit of a problem.

> A: 그 친구가 그 자리에 가는 건 결사 반대야.
> B: 왜 그 사람이 그 자리에 가면 안된다는거야?
> A: 그 녀석은 늘 남의 공을 가로챈다구.
> B: 그러면 좀 문젠데.

3 사연있는 영어표현들

raise Cain
난리를 치다

 왜 이렇게 쓰이게 되었을까…?

Cain은 자신의 친동생을 질투심에 살해한(killed his brother, Abel, through jealousy) 아담과 이브의 맏아들(first child of Adam and Eve)이며, raise는 동사로 「양육하다」, 「기르다」라는 뜻을 갖는다. 따라서 raise Cain은 형제 살해자(fratricide)를 양육하여 나중에 「(집안에) 큰 풍파나 소란을 일으키다」라는 의미를 갖게 되었다. 오늘날에는 「아주 큰 소란을 일으키다」(cause a disturbance) 또는 「몹시 성내다」(become very angry)라는 뜻으로 쓰인다.

 실제 대화에서 어떻게 쓰이는지 확인해보자

A: He's going to **raise Cain** if you go in there looking like that.
B: I forgot that we were meeting with clients today.
A: You should go home and change.
B: I think I will. Just tell him I got caught in traffic.

> A: 그런 복장을 하고 들어 가면 그가 엄청 날뛸 걸요.
> B: 오늘 우리가 고객들을 만나기로 했던 것을 깜박했어요.
> A: 집에 가서 옷을 갈아입으세요.
> B: 그래야 될 것 같아요. 그에게는 교통혼잡 때문에 늦는다고 전해줘요.

put all of one's eggs in one basket
한 가지에 모든 것을 걸다

 왜 이렇게 쓰이게 되었을까…?

자신이 가지고 있는 「계란을 모두 한 바구니에 담는다」라는 뜻에서 한 가지 일에 승패를 모두 거는(depend completely on the success of one thing), 위험하고도 무모한 행동을 일컫는다. 속된 말로 하면 '몰빵'이라고 할 수 있다. 「계란을 절대 한 바구니에 담지 말라」고 충고하는 모 증권회사의 광고를 떠올리면 쉽게 연상이 될 것이다. 다시 말해 「분산투자」(diversified investment)의 중요성을 일깨워 주는 말로 이미 좀 때 늦은 감이 있더라도 '한탕주의'라는 신기루는 다 버리고 '성실투자'라는 정도를 걸어야 된다는 말씀.

 실제 대화에서 어떻게 쓰이는지 확인해보자

A: Richard invested all of his money in that stock.
B: It sounds to me that he's putting all of his eggs in one basket.
A: You're right, if that stock drops he'll lose a lot of money.
B: Hopefully it will do well for him.

> A: 리처드가 그 주식에 전재산을 투자했더군요.
> B: 계란을 한 바구니에 담는 그런 투자를 했다는 생각이 드네요.
> A: 맞아요. 만일 주식이 떨어지기라도 하는 날엔 엄청난 돈을 잃게될거예요.
> B: 잘 됐음 좋겠네요.

3 사연있는 영어표현들

That's not my cup of tea
그건 내 스타일이 아냐

 왜 이렇게 쓰이게 되었을까…?

one's cup of tea는 「즐겨하거나 잘 하는 일」(something you enjoy or do well at), 「각별한 관심사나 좋아하는 일」(special interests or favorite occupation), 또는 「고려해 볼 문제나 사안」(something to think about)을 말한다. 「좋아하는 타입(type)의 사람」을 얘기할 때 쓸 수도 있겠고, 재즈나 클래식을 좋아한다거나 어떤 장르의 책을 좋아한다는 등의 「취미 활동」을 얘기할 수도 있다. 다만 보통은 "내 스타일(style) 아니예요!"식의 부정문 형식으로 쓰인다. 예로 부터 차 마시는 걸 남달리 즐겼던 영국인들이 17세기경 부터 쓰기 시작했다.

실제 대화에서 어떻게 쓰이는지 확인해보자

A: What do you think of running this department yourself?
B: It's flattering, but **it's not my cup of tea**.
A: Do you think Jim would be interested in the position?
B: He might be.

  A: 이 부서를 당신이 이끌어 운영해 보는게 어떨까요?
  B: 그렇게 인정을 받으니 기분은 좋지만 제 적성에 맞는 일은 아니에요.
  A: 짐이 관심이 있을까요?
  B: 아마 그럴걸요.

sandwich
샌드위치

 왜 이렇게 쓰이게 되었을까…?

맛있고 간편해서 바쁠 때 더 진가를 발휘하는 샌드위치(sandwich)는 밥먹는 시간조차 아까워 빵 사이에 햄 또는 차게 한 닭고기나 칠면조 고기 등의 속(fillings)을 끼워 손에 들고 먹으며 도박을 했던, 한 도박에 미친(addicted to gambling) 영국의 샌드위치 백작의 이름에서 따온 것이다(named after 4th Earl of Sandwich). 그는 식사 시간에도 도박 테이블을 떠나지 못했던 이 때문에 생겨났으나, 오늘날 미국 직장인들 사이에서 가장 인기있는 샌드위치로는 베이컨, 상추, 토마토를 넣은 BLT(bacon, lettuce, and tomato) 샌드위치와 빵을 3장 겹친다해서 three-decker 또는 triple-decker라고도 불리는 club sandwich(three pieces of bread with cold food between them)가 있다.

 실제 대화에서 어떻게 쓰이는지 확인해보자

A: **I was sandwiched in** between my boss and the plant foreman at the conference.
B: You must have felt uncomfortable.
A: Yes, they were asking me hard questions.
B: I'm sure you did fine.

> A: 회의 시간에 사장님과 공장장 사이에 끼어 있었어요.
> B: 무척 불편했겠네요.
> A: 그럼요, 그 사람들이 까다로운 질문을 제게 퍼부었어요.
> B: 잘해내셨겠죠 뭐.

3 사연있는 영어표현들

jump the gun
속단하다

 왜 이렇게 쓰이게 되었을까…?

jump the gun은 달리기에서 잔뜩 긴장하고(have butterflies in the stomach) 출발선에 선 선수가 「심판이 출발을 알리는 총을 쏘기 전에」(before the starter fires his pistol) 미리 출발하는 상황에서 유래한 표현. 말 그대로 총소리를 뛰어넘었단 말. 이것이 오늘날에는 「준비가 되지 않은 상태에서 어떤 일을 시작한다」(begin a thing before preparations for it are in readiness)는 의미로 비유적으로 쓰인다. jump는 이렇게 곧잘 성급함과 연관되어 jump to it은 「서두르다」, jump to a conclusion은 「속단하다」는 의미를 갖고 있기도 하다.

 실제 대화에서 어떻게 쓰이는지 확인해보자

A: **We just hired the guy we interviewed yesterday.**
B: **Aren't you jumping the gun on the hiring process?**
A: **Perhaps, but he's perfect for the job.**
B: **So it seems, but I wish we were not in such a hurry.**

> A: 어제 면접 본 친구를 채용했어.
> B: 채용할 때 너무 서두르는거 아녜요?
> A: 그럴지도 모르지만 그 친군 이 일에 아주 적격이던걸.
> B: 그런것 같긴 한데 그래도 그렇게 서두르지 않았으면 해요.

mum's the word
함구하다

 왜 이렇게 쓰이게 되었을까…?

mum's the word는 명령형으로 「…에 대해 함구하라」(urge someone to keep quiet about something)는 의미. mum은 두 입술을 꽉 다물 때의 소리를 흉내낸(imitative of the sound make when one's lips are closed) 것으로 「침묵을 지키고 있는」(keeping silent)이란 뜻. 아기가 입술을 옹알거리는 소리가 우리말로는 '엄마'가 되고 영어로는 Mom이 된 것처럼 아기가 가장 먼저 습득하게 되는 것은 바로 입술소리. 「중얼거리다」라는 뜻을 지니는 mumble, murmur도 같은 맥락으로 만들어진 말들.

 실제 대화에서 어떻게 쓰이는지 확인해보자

A: Remember **mum's the word** when it comes to Jane's party.
B: Don't worry. I won't say a word to anyone.
A: Make sure that Bill knows it's a surprise party.
B: I'll make sure I tell him.

> A: 제인의 파티에 관해 입 꽉 다무는 것 잊지마.
> B: 걱정마. 아무한테도 입도 뻥긋 안할게.
> A: 빌한테 깜짝파티라고 알려줘.
> B: 꼭 그럴게.

3 사연있는 영어표현들

pop the question
청혼하다

 왜 이렇게 쓰이게 되었을까…?

남녀가 결혼 전에는 으레 반지 등의 소품을 준비해 "Will you marry me?"라는 간청조의 question, 즉 「청혼」을 하기 마련인데, 이에 해당하는 표현이 바로 pop the question이다. 여기서 뜬금없이 「펑소리가 나다」란 의미의 동사 pop이 쓰인 이유는 긴장한 구혼자가 「마치 터뜨리듯이」(as though it were exploding from him) 「불쑥 청혼해버리게 되는」(blurt out the proposal) 모양새 때문이다.

 실제 대화에서 어떻게 쓰이는지 확인해보자

A: Are you going to **pop the question**?
B: I'm thinking about it.
A: Do you have a ring yet?
B: I pick it up on Saturday.

> A: 프로포즈 할거야?
> B: 생각중이야.
> A: 반지는 샀어?
> B: 토요일에 살거야.

call a spade a spade
곧이 곧대로 말하다

 왜 이렇게 쓰이게 되었을까…?

spade는 땅을 파내는 도구인 「삽」을 뜻한다. 그래서 call a spade a spade하면 「삽을 삽이라고 부르다」, 즉 「에둘러 말하지 않고 곧이 곧대로 말하다」(avoid beating about the bush)라는 의미가 된다. 이는 라틴어 "Ficus ficus, ligonem ligonem vocat"을 번역한 말로 생성시기는 확실치 않지만 1세기에 쓰여진 「플루타르크 영웅전」(Plutarch)의 「마케도니아 필립왕 편」(the life of Philip of Macedon)에도 등장하는 것으로 봐서 상당히 오래된 표현으로 판단된다. 그러다가 16세기 초반, 스코틀랜드 종교개혁가였던 John Knox가 이를 영어로 옮기면서 영어의 한 식구가 되었다. 목적어, 목적보어가 모두 a spade인 5형식 구문인 이 표현은 남이 들어서 기분 나쁠 수도 있는 내용을 「톡 까놓고 말하다」는 의미.

 실제 대화에서 어떻게 쓰이는지 확인해보자

A: I'm sorry that you had to hear what I thought of him, but **I was just calling a spade a spade**.
B: You don't have to apologize to us, we know what he's like.
A: Then I guess you agree with what I said.
B: Absolutely.

A: 그 녀석에 관한 내 생각을 너희들이 듣게 돼서 안됐지만, 그저 있는 그대로 말했을 뿐이야.
B: 우리한테 사과할 것 없어, 그 녀석이 어떤지는 우리도 알아.
A: 그럼 내말에 동의하는거네.
B: 물론.

3. 사연있는 영어표현들

ring a bell
기억이 나다

 왜 이렇게 쓰이게 되었을까…?

하루가 다르게 기억력이 짧아져서(short memory) 심정이 상한 분들이 많을 줄로 안다. 세상을 알아가는 기회비용(opportunity cost)으로 치부해 버리기에는 어딘지 엄청 손해를 보고 있다는 느낌이 드는데…. 그래도 죽으라는 법은 없는지 때로 전혀 까마득하게 다 잊은 줄만 알았던 것이 어떤 사물을 보거나 들으면 신기하게도 생생하게 떠올라주는 경우가 있다. 바로 이런 때 쓸 수 있는 표현이 ring a bell. 이 표현은 교회나 학교에서 사람들이 시간을 알아차릴 수 있도록 「종을 울리던」(ring a bell) 것에서 유래하여, 「뭔가를 생각나게 하다」(remind one of something)는 뜻을 갖게 되었다.

 실제 대화에서 어떻게 쓰이는지 확인해보자

A: **That name seems to ring a bell.**
B: **She said that she met you at last year's conference.**
A: **Now I remember who she is.**
B: **She wants you to join us for dinner tonight.**

> A: 이름을 들으니까 생각이 나는 것 같네.
> B: 그 여자 말이 작년에 열렸던 회의에서 너를 만났다던데.
> A: 이제야 누군지 알겠다.
> B: 그 여자가 오늘 밤, 우리 저녁식사에 너를 초대하고 싶어해.

keep up with the Joneses
남부럽지 않게 살다

 왜 이렇게 쓰이게 되었을까…?

우리 속담에 「뱁새가 황새를 따라가려다가 가랑이가 찢어진다」는 말이 있다. keep up with the Joneses는 바로 그런 이웃들간의 속물적인(snobbish) 경쟁의식을 꼬집는 표현. 옆집에서 값나가는 물건을 들여놓으면 빚을 내서라도 동급 혹은 그 이상으로 사들여야 직성이 풀리는 사람들처럼 「이웃에 뒤지지 않으려고 허세를 부리다」(try to be equal with your neighbors)는 뜻이다. 이는 1913년 A. R. Momand가 그렸던 만화(comic strip)의 제목에서 비롯되었는데, 이 만화는 잘사는 집안(well-to-do class)이었던 존스 씨네 가족(Joneses)을 따라 '남부럽지 않게 살아보려던' 이웃들의 이야기를 코믹하게 다룬 것. 사실 작가는 처음엔 Smiths라고 했지만 좀더 흔하고 듣기 좋은(euphonious) 이름으로 바꾼 것이 바로 Joneses였다고.

 실제 대화에서 어떻게 쓰이는지 확인해보자

A: It looks like I'll be working on the house again this weekend.
B: Is that your idea?
A: No, my wife just wants to **keep up with the Joneses**.
B: I'm glad that I don't have neighbors like yours.

> A: 이번 주말에 또 집안일을 해야할 것 같아.
> B: 네가 자진해서 하는거야?
> A: 아니, 집사람이 옆집을 따라하느라고 그래.
> B: 너희같은 이웃이 없어 다행이다.

3 사연있는 영어표현들

give sb the cold shoulder
냉대하다

 왜 이렇게 쓰이게 되었을까…?

여기서 shoulder는 「어깨」가 아니라, 양이나 염소의 「앞다리」(upper foreleg) 부위를 가리킨다. 그러므로 give sb the cold shoulder는 「…에게 차가운 앞다리 요리를 주다」라고 직역되는데, 「…를 냉대하다」(ignore someone), 「…를 피하다」라는 뜻. 이는 반가운 손님(welcome guest)이나 중요한 방문객(important visitor)이 오면 따뜻하고 맛있는 고기로 융숭하게 대접했던 반면, 눈치없이 오래 머물러서 미운털이 박혔거나(outstayed a welcome) 반갑지 않은 손님(ordinary traveller whose presence was not warmly received)들에게는 다 식은 양고기의 앞다리 요리(dish of a cold shoulder of mutton)를 내놓았던 풍습(?)에서 유래한 표현. give 대신 show나 turn 등의 동사를 쓸 수도 있고 cold-shoulder 자체가 하나의 동사로 쓰이기도 한다. 한편 give대신 get을 쓴 get the cold shoulder는 「냉대(무시)를 당하다」라는 수동의 의미.

 실제 대화에서 어떻게 쓰이는지 확인해보자

A: Was Paulina at the staff party last night?
B: Yeah, but **she was giving me the cold shoulder**.
A: Really? I wonder why?
B: I think she is dating somebody else.

> A: 어젯밤 직원파티에 폴리나 왔니?
> B: 응, 그런데 그녀가 나를 썰렁하게 대하던데.
> A: 정말? 왜 그런건데?
> B: 다른 사람과 데이트중인가봐.

pie in the sky
그림의 떡

 왜 이렇게 쓰이게 되었을까…?

직역하면 「하늘에 있는 파이」인 pie in the sky는 우리말의 「그림의 떡」과 비슷한 의미의 표현이다. 이는 노동조합의 조직책이자 작사가였던 Joe Hill(1879-1914)이 1906년에 발표한 The preacher and the slave라는 노래의 가사에 나온 표현이다. 그 노래는 '일하고 기도하라(Work and pray), 건초 위에서 살아라(Live on hay), 그러면 죽은 뒤 하늘에서 파이를 받을 것이다(You'll get pie in the sky when you die)'라는 가사로 이루어져 있다. '천국에서 다시 만날 날'(The Sweet By and By)라는 찬송가를 패러디한 이 구절에서 pie in the sky는 「죽어서나 받게 될 보상」(future reward, especially after death), 즉 현실적으로 「불가능할 것 같은 약속이나 기대」를 의미하게 되었다.

 실제 대화에서 어떻게 쓰이는지 확인해보자

A: **Have you been thinking of attending the conference?**
B: **Yes, but it has been switched to Texas, instead of California.**
A: **So, I guess going to Los Angeles is only pie in the sky.**
B: **That's right, unless we take a separate vacation!**

> A: 회의에 참석하는거 생각해봤어?
> B: 응, 하지만 캘리포니아 대신 텍사스로 변경됐어.
> A: 그럼, 로스앤젤레스에 가는 건 그림의 떡이겠네.
> B: 맞아, 각자 휴가를 가지 않는 한은.

③ 사연있는 영어표현들

boycott
반대하다

 왜 이렇게 쓰이게 되었을까…?

보통 「boycott+사람(조직)」의 형태로 쓰여 「…와 거래를 하지 않다」(refuse to deal with), 「…을 불매하다」라는 의미. 이는 1800년대 Charles Cunningham Boycott(1832?7)라는 한 영국인 부동산 중개인의 이름에서 유래했다. 1880년 아일랜드 부동산 연합은 부동산 개혁을 목적으로 임대료를 낮출 것을 결정하였으며 이에 불응하는 자는 추방하겠다(ostracize)고 엄포를 놨다. County Mayo에 있던 Boycott은 이를 거부했고 즉시 추방을 당하게 되었다. 그러자 직원들은 그를 떠나지 않을 수 없었고 그의 부인도 협박을 받게 돼, 그들 부부는 드디어 영국으로 도망칠 수밖에 없었다. 이런 배경으로 boycott은 사회적으로 따돌림(불매·거부)의 대상이 되었고 그의 이름이 보통명사화 되어 "불매운동(하다)"라는 의미로 쓰이게 되었다.

 실제 대화에서 어떻게 쓰이는지 확인해보자

A: Our new winter line of clothing isn't doing very well.
B: Why not?
A: The Americans **are boycotting** our fur coats.
B: Oh no, that's terrible!

> A: 우리회사의 겨울용 의류 신상품이 잘 안 팔려.
> B: 왜?
> A: 미국인들이 우리 모피코트에 대한 불매운동을 벌이고 있거든.
> B: 저런, 너무하는군!

keep one's fingers crossed
행운을 빌어주다

 왜 이렇게 쓰이게 되었을까…?

서양에서는 행운을 기원하기 위해(wish for good luck), 또는 남에게 거짓말을 할 때 양심의 가책을 누그러뜨리기(excuse an untruth that you are telling)위해 그들의 종교와 관련이 깊은 십자가를 떠올린다. 하지만 그 순간에 십자가를 꺼내어 기도나 회개를 한다는 것은 어색한 일. 그래서 자신의 검지와 중지를 서로 꼬아(cross two fingers of one hand) 십자가를 대신하도록 했다. 특히 거짓말을 하며 손가락을 교차시킬 때에는 상대방이 볼 수 없도록 손을 뒤로 감추는 것도 하나의 manner라나?

 실제 대화에서 어떻게 쓰이는지 확인해보자

A: **Have the jury members come to a decision yet?**
B: **No, but soon they will have to.**
A: **I hope they weren't persuaded by the client's testimony.**
B: **Well, let's keep our fingers crossed on that one.**

> A: 배심원들이 평결을 내렸니?
> B: 아니, 하지만 아마 곧 해야 할거야.
> A: 그들이 의뢰인의 증언에 현혹되지 말기를 바랄 뿐이야.
> B: 그럼 행운이나 빌자구.

3. 사연있는 영어표현들

break the ice
어색한 분위기를 깨다

 왜 이렇게 쓰이게 되었을까…?

우리들은 재미없는 얘기로 분위기가 가라앉거나 서먹한 사람들이 모여 대화가 자연스럽게 이어지지 않을 때 「썰렁하다」라는 말을 자주 사용한다. 영어 문화권에서도 마찬가지. ice는 사전적 의미로 「얼음」이지만 모르는 사람들의 모임에서 「서먹함이나 불편한 심기」를 표현하는 말이 된다. 그렇다면 break the ice는 「대화의 시작이나 파티의 진행, 그리고 처음 사람을 알게 되는 과정에서 최초의 서먹한 단계를 극복하는 것」(conquer the first difficulties in starting a conversation, getting a party going, or making an acquaintance)을 의미한다는 것을 쉽게 알 수 있다. 또한 이 표현의 기원이 남극같은 빙하가 많은 바다에서 배가 나아가기 위해 얼음을 깨어 길을 만들었던데서 온 것임을 알고 사용한다면 영어의 「맛」을 더욱 잘 느낄 수 있을 것이다.

 실제 대화에서 어떻게 쓰이는지 확인해보자

A: Everyone seemed a little tense at the meeting this morning.
B: Yeah, I think they were expecting some bad news.
A: I kept trying to think of something to say to **break the ice**.
B: Well, I'm not sure you could have relaxed them even if you tried.

A: 오늘아침 회의에서 보니 사람들이 약간 긴장을 한 것 같던데.
B: 그래 사람들이 뭔가 나쁜 소식이 있을거라고 생각했나 봐.
A: 난 분위기를 바꾸어 보려고 무언가 계속 얘깃거리를 생각해 내려고 했었다구.
B: 글쎄, 네가 노력한다고 해서 사람들이 긴장을 풀 수 있었을까?

bite the bullet
견디다

 왜 이렇게 쓰이게 되었을까…?

「용기를 가지고 어려움에 직면하다[맞서다]」(face an unpleasant experience with courage)를 뜻하는 bite the bullet은 19세기 외과의사(surgeon)들이 전시에 「마취제」(anesthetic)도 없이 부상병들을 수술할 때 고통을 참게 하려고 환자들에게 총알을 물고 있게(bite the bullet)했던 상황에서 유래한 표현이다. 타잔이 사나운 맹수와의 싸움에서 부상을 입었을 때 밀림 속에선 인간이 만든 마취제를 구할 수 없어 대신 나뭇가지를 입에 물고 고통을 이겨내며 치료를 하는 장면이 떠오르는데, 이 표현은 여기서 한 단계 upgrade된 것이다.

 실제 대화에서 어떻게 쓰이는지 확인해보자

A: What did the boss say?
B: He said that we're going to have to **bite the bullet** on this one.
A: Did he say what would happen to our jobs?
B: He said we didn't have to worry.

  A: 사장이 뭐라고 하던?
  B: 이번 만큼은 우리가 단단히 각오하고 견뎌내야한다고 하지 뭐.
  A: 우린 어떻게 될거래?
  B: 그건 걱정할 필요없다고 했어.

3. 사연있는 영어표현들

have one foot in the grave
거의 죽음 직전이다

 왜 이렇게 쓰이게 되었을까…?

한쪽 발을 무덤에? 재미있는 상상을 하게 하는 표현이다. 한쪽 발을 무덤에 넣고 무얼 하는 걸까? 우선 답부터 말하자면 어떤 사람이 매우 아프거나 늙었음(very ill or old)을 표현하거나, 그래서 죽으려고 하거나 혹은 곧 죽을 것 같을(likely to die soon) 때 쓰이는 말이다. 이 표현의 기원은 일반적으로 변절자(Apostate)라는 별명을 갖고 있는 신성로마 황제 줄리앙(Julian)이 했던 말에 기인한다고 한다. 그는 비유적인 표현으로 "내가 무덤에 한쪽 발을 넣고 있다고 해도 이것을 배우고 말겠다"(I will learn this even if I have one foot in the grave)라고 말했다고 한다.

 실제 대화에서 어떻게 쓰이는지 확인해보자

A: Is Jim still working here?
B: As a matter of fact, he is.
A: I thought he would have retired by now.
B: Well, he sure looks like he **has one foot in the grave** already.

> A: 짐이 아직도 여기서 일합니까?
> B: 사실을 말하자면 그렇습니다.
> A: 저는 지금쯤이면 퇴직했을거라 생각했습니다.
> B: 글쎄요, 그는 분명히 매우 나이가 들어 보이긴 합니다.

crocodile tears
거짓 슬픔

왜 이렇게 쓰이게 되었을까…?

직역하면 「악어의 눈물」. 「거짓 슬픔」(feigned sorrow)을 가리키는 말로, 그 기원은 전래우화(old folk story)에서 비롯된 표현. 이 우화에 따르면 악어는 먹이를 잡을 때 슬픈 척하면서(pretend to be very sad or sorry) 큰 한숨을 내쉬거나(utter loud sighs) 눈물을 많이 흘리고(weep copiously) 몸이 안좋은 것처럼 보이기 위해 신음소리를 내서(moan in order to appear upset) 멋모르고 지나가다가 호기심이 동(動)해서 돌아보는 순진한 동물들을 유인한다(lure curious passers-by)고 한다. 그런 다음 군침도는 먹이가 잡을 수 있는 거리에 있다는게 감지되면(when the victims came within reach) 단숨에 꿀꺽한다는 얘기.

실제 대화에서 어떻게 쓰이는지 확인해보자

A: Do you think Mr. Smith will reconsider my promotion?
B: I'm not sure, but maybe you should talk to him.
A: I'll show him my **crocodile tears**, and he might feel sorry for me.
B: I doubt it!

A: 스미스 씨가 내 승진을 다시 고려해 볼까?
B: 모르겠어, 하지만 아마도 네가 그에게 말해야 할 것 같아.
A: 그에게 거짓눈물이라도 보여야겠는 걸, 그러면 나를 불쌍하게 생각할지도 모르잖아.
B: 그럴까!

MEMO

SUPPLEMENT
놀라운 영어 감탄사의 세계!

Come on!
이러지마!

영화나 드라마를 보면 가장 많이 듣는 표현 중 하나로 그 의미 또한 다양하다. 상대방이 놀릴 때 혹은 과장되게 말할 때 Come on!하면 「이러지 마!」(Stop it; Stop doing that!)란 뜻이고, 상대방에게 허가를 구할 때, 예를 들어 밤 늦은 귀가를 요청하는 딸이 또는 빵을 더 먹겠다고 졸라대는 아들이 Come on!하면 「제발 허락해 주세요」(Please oblige me)라는 의미. 또한 상대방이 이동하면서 Come on!하면 「서두르라」(Hurry up!)는 말이다.

A: What time does the show start?
B: It begins at nine. Do you think you can get ready in time?
A: That depends on whether the bathroom is free.
B: **Come on!** You can take a shower later.

> A: 그 공연 몇 시에 시작하지?
> B: 9시에. 시간 맞춰 준비할 수 있겠어?
> A: 그야 욕실이 비어 있으면.
> B: 제발 그만 좀 해! 샤워는 나중에도 할 수 있잖아.

Wow!
우와!

신나고 재미있는 일뿐만 아니라 놀랍고 기상천외한 일 등 상황에 따라 억양과 표정으로 뉘앙스를 조절하는 우리말의 「왜」라는 감탄사와 발음뿐만 아니라 뜻도 비슷해 그리

낯설지 않은 영어표현이다. 동물원에 생전 처음 구경간 꼬마가 원숭이를 보며 「와! 진짜 원숭이다!」라고 소리칠 때 Wow! A real monkey!라 할 수 있다.

A: Oh, I'm so sick today. Look at my eyes.
B: **Wow!** Your eyes look like two cupcakes floating in tomato soup.
A: I think I'm going to stay home today.
B: That's a good idea.

> A: 아, 오늘 몸이 너무 아프다. 내 눈 좀 봐.
> B: 어머! 꼭 토마토 수프에 컵케이크가 두 개 떠 있는 거 같애.
> A: 오늘은 그냥 집에 있어야할까봐.
> B: 그러는 게 좋겠다.

Bingo!
이겼다!

종이 위에 숫자를 무작위로 적어 놓고 역시 숫자가 적힌 공을 골라 그 공에 적힌 숫자를 지워나가다가 가로, 세로 혹은 대각선 방향으로 다섯 개를 먼저 연결하는 사람이 "빙고!"하고 외치면 이기는 게임이 바로 Bingo. 여기서 파생하여 일상생활에서 Bingo!하면 「이겼다!」, 「해냈어!」, 「맞췄어!」, 「바로 그거야!」(That's it!)라는 뜻이 된 것.

A: What should I do about the report that's due tomorrow?
B: Call in sick and tell your boss you'll have it done by Friday.
A: You want me to lie to my boss?
B: **Bingo!**

A: 내일이 보고서 마감인데, 어떻게 하지?
B: 상사에게 전화해서 아프다고 하고 금요일까지 끝마치겠다고 해.
A: 나더러 거짓말을 하라구?
B: 맞아!

Holy cow!
어머나 세상에!

holy는 「신성한」이라는 의미로 익숙하지만, 반어적으로는 「놀라운」이란 뜻. 여기에 여러 가지 다양한 단어가 결합되어 Holy+명사!하면 놀람이나 기쁨 등 감정이 격해질 때 내뱉는 탄식어가 된다. 명사로는 이처럼 cow가 빈번히 등장하며 그밖에 cats, Moses, fuck, shit 등이 와도 같은 의미.

A: Look out! The roof is caving in.
B: Holy cow! It looks like a hurricane.
A: I think it is. We'd better take cover.
B: Let's go down to the cellar.

A: 조심해! 지붕이 내려앉고 있어.
B: 어머나 세상에! 허리케인인가봐.
A: 그런 것 같아. 피해야겠어.
B: 지하실로 내려가자.

Great Scott!
어머나!

충격과 놀람의 탄식어(exclamation of shock or surprise)로 일상생활에서 많이 쓰이는 표현. 「이런!」, 「아이고!」 정도에 해당된다. 모처럼 일찍 귀가한 남편, 따뜻한 물로 샤워나 할까 했더니 아내가 The water heater just exploded!(온수기가 터졌어!)라 한다면 바로 이때 Great Scott! What do we do now?(이런, 이제 어떻게 하지?)라고 말할 수 있다.

A: I heard a noise. I'm scared.
B: Don't worry. It's probably nothing. Go look.
A: Great Scott! It's a killer cockroach.
B: Run for your life.

> A: 무슨 소리가 들렸어. 무섭다.
> B: 걱정마. 아무것도 아닐거야. 가서 봐봐.
> A: 아이구 깜짝이야! 살인 바퀴벌레야.
> B: 어서 도망가.

God bless you!
신의 가호가 있기를!

옛날 서양에서는 누군가 재채기를 할 때 영혼이 빠져나간다고 믿어, 재채기를 하면 주위에 있는 사람들은 습관적으로 이 말을 해주곤 하였다. 또한 누군가가 자기를 위해 호의를 베풀었을 때, 「(이렇게 해주시다니) 신의 은총이 함께 하실겁니다」라고 감사의 마음을 표할 때도 유용하게 쓸 수 있는 표현. 그냥 Bless you!라고만 말해도 같은 뜻이다.

A: I'm so hungry I could eat a horse.
B: Let me buy you dinner. You've been working so hard these days.
A: **God bless you!**
B: Don't mention it.

> A: 배고파 죽겠네.
> B: 내가 저녁 사 줄게. 넌 요즘 너무 무리했어.
> A: 어머, 복 받을거야!
> B: 뭘.

Oh, my God!
오, 맙소사!

우리말의 「하느님, 맙소사!」처럼, 다급하고 곤란한 상황에서 신(God)을 찾는 건 동양이나 서양이나 매한가지. 기가 막힐 때뿐 아니라 놀라움이나 충격을 나타낼 때 쓸 수 있는 대표적인 말로, 「아이고!」, 「이런!」, 「큰일났네!」 정도의 의미이다. 같은 표현으로 My God!, My goodness!, Gosh! 등이 있다.

A: The dentist up at the mall was charged with sexual assault!
B: **Oh, my God!** That's the same dentist I use.
A: You'd better not go there again.
B: Don't worry, I won't.

> A: 상가 저쪽에 있는 치과의사가 성폭행으로 고소됐대!
> B: 맙소사! 내가 치료 받는 그 치과의사잖아.
> A: 다시는 거기에 가지마.
> B: 걱정마, 안 갈거야.

Good heavens!
저런!

상대방이 딱한 사정을 하소연하거나 놀라운 얘기를 해줄 땐 Good heavens! 정도의 반응은 보여야 예의. Good heavens!는 우리말의 「저런!」, 「어머!」, 「야단났네!」 정도에 해당하는 표현으로, 상대방의 말에 대해 동의하거나(그래, 그렇지) 부정하는(이런, 그게 아니라) 의미로도 쓰일 수 있다. 그냥 Heavens라고만 해도 되고, Good grief!, Good Lord!라고 해도 마찬가지로 놀람과 경탄, 그리고 충격을 나타내는 탄식어이다.

A: **Good heavens!** What happened to you?
B: I got attacked while coming home from school.
A: Do you know who it was?
B: No, but if I ever see them again, I'm going to kick their asses!

> A: 세상에, 이를 어째! 무슨 일이니?
> B: 하교길에 얻어 맞았어요.
> A: 누가 그랬는지 아니?
> B: 아뇨, 하지만 그 녀석들을 다시 만나면, 흠씬 패줄거예요!

Oh, boy!
어쩜 좋아!

이 표현을 모르고, 아는 단어는 결코 사전을 찾지 않는 게으른 사람들은 종종 Oh, boy!를 「오, 소년!」이라는 그럴 듯한 시구절처럼 옮기는 촌극을 벌이기도 한다. boy는 흥분되거나 즐거운 마음을 표할 때 쓰는 말로, 우리말 「어쩜 좋아!」에 해당되는 영어표현. 어떤 일에 약간 화가 나거나 짜증이 날 때, 또는 낙심했을 때도 쓸 수 있는데, 이럴 땐 「이

런」 정도의 의미가 되겠다. Oh을 빼고 그냥 Boy!라고만 해도 같은 뜻.

A: I'm sorry, but I can't come to the game tomorrow.
B: Why not?
A: I've got to conduct an interview with Tom Cruise.
B: Oh, boy! That's great. Can you get me his autograph?

> A: 미안하지만, 내일 경기에 갈 수가 없어.
> B: 왜?
> A: 탐 크루즈를 인터뷰해야 돼.
> B: 이야! 굉장한데. 사인 좀 받아줄래?

Whoops!
아이구!

들고 가던 물건을 바닥에 떨어뜨리거나 어떤 것을 깜빡하고 잊는 경우, 또는 상대방의 옷에 커피 등을 쏟았을 때와 같이, 경미한 사고나 실수를 저질렀을 때 쓸 수 있는 표현. 우리말의 「아차!」, 「아이구!」처럼 자연스럽게 터져나오는 탄성의 일종으로, Oops!라 하기도 한다.

A: Excuse me, is your name Sally?
B: No, it isn't.
A: Whoops! I must have the wrong girl.
B: Whatever!

> A: 실례합니다. 당신이 샐리인가요?
> B: 아뇨, 아닌데요.
> A: 아뿔사! 제가 착각했나봐요.
> B: 상관없어요!

Ooh la la!
어머어머!

어감이 매우 재미있는 이 표현은 불어에서 온 것으로, 놀랍거나 범상치 않은 일을 겪을 때 쓸 수 있는 말이다. 또한 성적으로 매력적인 이성을 봤을 때 눈이 휘둥그레져 「이야!」, 「우와!」 정도의 의미로도 사용한다. Look at that!이나 앞서 나온 Wow!라고 해도 같은 뜻.

A: Daniel had his hair cut. I wonder what it looks like.
B: Here he comes now. Let's see.
A: **Ooh, la la!** He looks great.
B: Yeah, like a movie star.

> A: 대니얼이 머리를 잘랐대. 어떤 모습인지 궁금하다.
> B: 지금 오네. 보자.
> A: 와! 멋있다.
> B: 정말, 영화 배우같애.

For Pete's sake!
제발 좀!

책을 읽고 있는데 옆에서 자꾸 시끄럽게 떠든다면 화가 안 날 사람이 있을까? 아무리 맘씨 좋은 사람이라도 참다 못해 결국은 한마디하고 넘어갈 터이니, For Pete's sake!는 이처럼 어떤 일에 화가 나거나 더 이상 참을 수가 없을 때 쓸 수 있는 표현이다. 또 다른 의미로 「제발」, 「부디」하며 부탁의 내용을 강조하는 말로도 이용된다. For heaven's sake!나 For God's sake!라고 해도 같은 표현.

A: Where are you going?
B: I'm going out to lunch with one of my coworkers.
A: Why do you always go out for lunch?
B: **For Pete's sake!** Leave me alone!

> A: 어디 가요?
> B: 동료와 점심 먹으러 나가려구요.
> A: 당신은 어째서 늘상 밖에서 점심을 먹어요?
> B: 도대체 말야! 날 좀 내버려둬요!

Who knows!
낸들 알아!

반어적인 표현으로 우리말로 하자면 「누가 알라!」, 「낸들 알겠어!」 정도에 해당된다. 풀어 쓰면 Who knows the answer to that question!으로 상대방이 묻는 말에 「전혀 모르겠다」는 의미이다. 「오직 신만이 알고 있다」는 God only knows!도 같은 의미. 단어의 의미보다는 전체적인 문장의 억양이 내용전달에 중요한 기능을 한다.

A: Why did you buy such an extravagant dress?
B: Because I like it. How much do you think it cost?
A: **Who knows!** I hope you didn't charge it.
B: Well, as a matter of fact, I did.

> A: 왜 그렇게 터무니없이 비싼 옷을 샀어?
> B: 맘에 드니까. 얼마쯤 들었을 것 같아 보여?
> A: 낸들 알아! 카드나 안 긁었길 바래.
> B: 근데, 실은 카드 긁었어.

Cheers!
건배!

술좌석에서 술잔을 부딪히면서 하는 말로 우리말로는 「건배!」에 해당되는 표현이다. Bottoms up!도 같은 말. bottom은 「밑바닥」이라는 뜻인데 여기서는 「술잔의 바닥」을 말한다. 따라서 Bottoms up!하면 「바닥까지 다 마시자」는 것으로 「건배」, 「쭉 들이킵시다」(Empty your glasses!; Finish your drinks!)에 해당되는 말.

A: I'd like to thank you all for coming here tonight.
B: I'll drink to that!
A: **Cheers!**
B: Last one to finish is a loser!

    A: 오늘밤 여기 와 주신 모든 분들께 감사드립니다.
    B: 건배합시다!
    A: 건배!
    B: 제일 늦게 마시는 사람 바보!

Gotcha!
속았지롱!

I've got you!에서 Got you의 발음을 그대로 표기한 경우. 쓰임은 크게 세 가지. 첫째는 술래잡기니 서바이벌 게임 등에서 상대를 잡았을 때 「잡았다!」(I've caught you) 하는 말이며, 두번째는 '사장이 너 좀 오래'하고 거짓말을 하고선 초조해하는 상대에게 I fooled you(속았지롱!)의 의미로 Gotcha!라 할 수 있다. 마지막은 가장 보편적인 경우로 상대방의 뜻을 「이해했다」(I understand what you said or what you want)는 의미.

A: Why are you taking me to the board room?
B: There is a meeting there for all secretaries.
A: Really? I think you're pulling my leg.
B: **Gotcha!**

> A: 왜 날 중역실로 데려가는거니?
> B: 거기서 비서 전체 회의가 있어.
> A: 정말? 날 놀리는거 같은데.
> B: 속았지롱!

Dear me!
아 참!

놀라움이나 동정, 또는 가벼운 분노 내지는 짜증, 낙담 등을 나타낼 때 쓰이는 감탄사로, 「아, 저런!」, 「아이구, 이 친구야!」 정도의 의미. 또, 「아 참! 나 약속시간에 늦을 것 같아」와 같이 꺼내기 민망한 얘기를 할 때도 튀어나오는 탄성이다. Oh, dear!라고 해도 같은 의미로, 평소 「친애하는」으로 알고 있던 dear가 이처럼 훌륭한 감탄사로도 쓰인다는 사실을 꼭 기억해두자.

A: Are you going to get a job after you graduate?
B: No, I'm going to try starting up my own business.
A: That's great, but you are going to have to get the money to do it.
B: **Dear me!** I thought you'd be the one who would lend it to me.

> A: 졸업 후엔 취직할거니?
> B: 아니, 사업을 시작해볼까 해.
> A: 멋지구나, 하지만 그러려면 자금이 좀 있어야 할텐데.
> B: 아 참! 안 그래도 너한테 돈을 좀 빌릴 생각이었어.

Gee!
이야!

Gee하면 왠지 뭔가를 발음하다 만 것처럼 느껴진다. 아니나 다를까 Gee는 Jesus에서 온 말. 억양에 따라 놀라움은 물론이고, 위로, 낙심, 반대의사, 비아냥, 주의, 금지 등 여러 가지 감정을 나타낼 수 있는 감탄사이다. 같은 의미로 Gee whiz!라고도 한다.

A: Do you like my new house?
B: **Gee!** It's great.
A: Thanks, I hope Rebecca will like it.
B: I'm sure she will.

> A: 내 새 집 좋아?
> B: 야! 멋지다.
> A: 고마워, 리베커가 좋아했으면 좋겠어.
> B: 틀림없이 좋아할거야.

God damn it!
제기랄!

우리말의 「빌어먹을!」보다 어감이 강한 말로 기분이 나쁘거나 화가 날 때 쓸 수 있는 표현이다. 거의 욕설에 가까운 표현으로, 다른 사람에게 생각없이 사용했다가 뼈도 못추릴 수 있으니 조심, 또 조심해야 한다. 이보다 조금 완곡한(?) 표현으로 Damn it! 또는 Darn it!이라는 말이 있다. 참고로, damn은 bless의 반대말로 「신의 저주」, 「저주를 내리다」란 의미.

A: The president is about to make his speech. Do you have the camera?
B: No, you were supposed to bring it.
A: **God damn it!** I told you to bring it.
B: You did not. I distinctly remember you saying that you'd take care of the camera.

> A: 대통령이 연설을 하려나 봐. 사진기 있니?
> B: 아니, 네가 가져오기로 했잖아.
> A: 젠장! 너보고 가져오라고 했잖아.
> B: 아냐. 네가 사진기를 챙기겠다고 말한 걸 똑똑히 기억한다구.

Son of a bitch!
빌어먹을 (놈 같으니라구)!

「제기랄!」, 「빌어먹을!」이란 의미로, 화나고 짜증나는 일을 겪을 때 홧김에 신경질적으로 내뱉는 말 중 하나이다. bitch는 「암캐」, 「문란한 여자」로 우리말의 개××와 같은 의미. 따라서 상대방을 가리켜 이 말을 사용했을 때는 심한 욕설이 되니, 함부로 사용했다가 큰 코 다치는 일이 없도록 하자. 이보다 한 단계 수위가 낮은 표현으로, Son of a gun! 이 있다.

A: He never called me after we slept together.
B: **That son of a bitch!**
A: It so hard to trust guys.
B: I know.

> A: 그 사람 함께 밤을 보낸 이후로 통 연락이 없어.
> B: 그런 지랄같은 자식이 있나!
> A: 남자란 믿기 어려워.
> B: 그러게.

I'll be darned
젠장!

darn은 damn과 같이 「지옥에 떨어뜨리다」, 「저주하다」라는 의미. 따라서 I'll be darned [damned]는 뒤에 if it's true가 생략된 것으로, 직역하면 「난 저주받을거야」라는 무시무시한 뜻. 그러나 실제로 이런 끔찍한 뜻으로 쓰이는 것은 아니고, 「저런!」, 「어머나!」, 「이럴 수가!」하며 어떤 일에 놀랐거나 초조함을 느낄 때, 또는 노여운 일이 있을 때 쓸 수 있는 표현이다.

A: I hope I get the promotion.
B: I heard Peter got it.
A: **I'll be darned!** I really thought I would get it.
B: Better luck next time.

> A: 승진이 됐으면 좋겠어.
> B: 피터가 승진했다던데.
> A: 젠장! 난 정말 내가 승진할거라고 생각했는데.
> B: 다음번엔 운이 더 따를거야.

Okey dokey!
그럼요!

승낙과 허락의 감탄사인 OK[Okay]!의 구어적 표현. 발음은 [ouki douki]로 영어같지 않은 발음 때문에 좀 생소하다. 이는 Okay의 고어(古語)로 현재는 조금 장난기있게 말하는 상황에서 친한 사이에 국한되어 사용되고 있다.

A: I want you to present your report to the board on Monday. Okay?

B: **Okey dokey!**

A: Don't forget to wear a suit.

B: Don't worry, I won't.

> A: 월요일에 열리는 이사회에서 자네 보고서를 발표했으면 하네. 괜찮나?
> B: 그럼요!
> A: 정장 입고 오는거 잊지 말게.
> B: 걱정마세요, 잊지 않을게요.

Say cheese!
치-즈하세요!

우리는 사진을 찍을 때 웃는 모습을 찍기 위해, 다시 말해 굳어 있는 입술을 강제적으로 이완시키기 위해 사진을 찍는 사람이 찍히는(?) 사람에게 「김치 해보세요!」하는데 미국에서는 Say cheese!라 한다. 그래서 사진을 찍을 때는 All of you please stand still and say cheese! 혹은 Is everybody ready? Say cheese!라고 한다. 각자 김치와 cheese를 발음해 보면서 실제 발음시 웃음이 지어지는지를 직접 체험해 보도록 하자.

A: Can you please take a picture of me and my wife?

B: Sure... **say cheese!**

A: Thanks a lot.

B: Don't mention it. I hope it turns out okay.

> A: 우리 부부 사진 한 장 찍어주시겠어요?
> B: 그러죠… 치-즈하세요!
> A: 정말 고마워요.
> B: 천만에요. 사진이 잘 나오길 바래요.